KOMMUNIKATION in sozialen und medizinischen Berufen

Kursbuch

GOETHE-INSTITUT
FRAUS
Cornelsen

KOMMUNIKATION
IN SOZIALEN UND MEDIZINISCHEN BERUFEN
Kursbuch

Autorin:	Dorothea Lévy-Hillerich
Unter Mitwirkung von:	Elżbieta Jarmużek Elżbieta Król Anna Malinow Maria Teresa Piosik Janina Rozwalka Urszula Tworek
Koordination und Projektleitung:	Monika Veldenz-Dunne, Goethe-Institut
Fachberatung:	Dr. med. Ute und Jürgen Höfling, Speyer
Redaktion:	Monika Veldenz-Dunne, Goethe-Institut Robert Fallenstein, Goethe-Institut Dr. Bernd Schneider, Goethe-Institut Busa Istvánné, Budapest Julia Lorenz, freie Mitarbeiterin
Zeichnungen:	Blanka Łątka
Fotos:	siehe Quellenverzeichnis, Seite 129
Klärung der Rechte an Texten und Bildern:	Germano Re
Verlagsredaktion:	Bc. Milada Vlachová, Mgr. Jitka Staňková
Bildredakteur:	Bohdan Štěrba
Grafische Gestaltung des Umschlags:	Jana Šrámková
Umschlagfotografie:	Karel Brož
Grafik und Layout:	Olga Matulová
Bestandteile des Lehrwerks:	Kursbuch Lehrerhandbuch CD mit Hörtexten
®	Dieses Werk folgt der seit dem 1. August 1998 gültigen Rechtschreibung.
Gemeinsame Ausgabe von:	Nakladatelství Fraus, Plzeň, CZ Cornelsen Verlag, Berlin, D Printed in the Czech Republic
4. 5. 6. 7. 8. 2011 2012 2013 2014 2015	die ersten Ziffern bezeichnen Zahl und Jahr des Druckes

1. Auflage
ISBN 80-7238-286-1 (Nakladatelství Fraus)
ISBN 3-464-21232-7 (Cornelsen Verlag)

Wir freuen uns, Ihnen das Lehrwerk
„Kommunikation in sozialen und medizinischen Berufen"
vorlegen zu können. Es kann ab dem Niveau B1 des Gemeinsamen Europäischen Referenzrahmens eingesetzt werden. Es ist gedacht für Deutschlernende an Berufs- und Fachschulen, Fachmittelschulen, Postabiturklassen und Fachhochschulen mit der Fachrichtung der sozialen und medizinischen Berufe.

Im Mittelpunkt des Lernprozesses steht die berufliche Handlungskompetenz durch den Erwerb von Fachwissen, Methodenkompetenz und Sozialkompetenz an Beispielen aus Arztpraxen und Einrichtungen. Behandelt werden in den einzelnen Lektionen: soziale Einrichtungen, Versicherungssysteme, Beratung und Betreuung in der Arztpraxis, Kommunikation in Arztpraxen und im Krankenhaus, Dienstleistungen für Menschen, die Hilfe brauchen, Leben und Wohnen im Alter, soziale Probleme bei Jugendlichen. Die Lektionen können als Bausteine unabhängig voneinander eingesetzt werden. Die Vorlektion enthält eine Einführung in die Arbeit mit dem Lehrwerk.

Zu dem Lehrwerk gehören noch ein Lehrerhandbuch und eine CD mit Hörtexten. Außerdem finden Sie im Internet unter www.fraus.com/professional_communication.html Spiele, mit denen Sie im Unterricht arbeiten können. Wir wünschen Ihnen Freude und Spaß mit diesem Lehrwerk und viel Motivation und Erfolg.

München, im März 2005
Die Autoren und die Redaktion

Lektion	Inhalt	Seite
Vorlektion	**Lerntechniken/Methodenkompetenz** Lerntipps zum Lesen Lerntipps zum Hören Lerntipps zum Schreiben Wortschatz erwerben und behalten Zu einem Thema Wörter sammeln und ordnen Lerntipps zur Grammatik Zusammen lernen Informationen erfragen Informationen suchen und nachschlagen Mit Sprache spielen	11–20
1 Soziale Einrichtungen	**Einstieg** **A** Träger von sozialen Diensten – *Soziale Dienste in Deutschland* **B** Helfen hat viele Namen – *Rotes Kreuz* – *Deutscher Caritasverband* – *Komitee Cap Anamur* – *Der Schulsanitätsdienst* – *Malteser Hilfsdienst und Malteser Jugend* **C** Lust auf freiwilliges Engagement? – *Anders lernen – sich anderswo bilden* – *Leonardo da Vinci* – *Das Programm Jugend* **D** Mit Sprache spielen – *Bildwörter zeichnen* – *Gitterrätsel* – *A-B-C-Memo zu den Hilfsorganisationen (mit Regel)* **E Erste-Hilfe-Koffer** – *Mit Konflikten umgehen. Blitzlicht (mit Anleitung)*	21–40
2 Versicherungssysteme	**Einstieg** **A** Soziale Vorsorge – *Zweige der Sozialversicherung* – *Versicherung (Gedicht)* **B** Gesetzliche Pflegeversicherung am Beispiel alter Menschen – *Die Leistungen der Pflegeversicherung* **C** Vorsorge – Gesundheitsangebote und Maßnahmen **D** Mit Sprache spielen – *Wortschlange* – *Sprichwort* **E Erste-Hilfe-Koffer** – *Domino (mit Regel)* – *Rätsel*	41–56

Lektion	Inhalt	Seite
3 Beratung und Betreuung in der Arztpraxis	**Einstieg** **A** In der Arztpraxis – *Notfall- und Unfallmeldungen* – *Gespräche in der Anmeldung* **B** Umgang mit Patienten **C** Mit Sprache spielen – *Quartettspiel (mit Regel)* **D** Kommunikation in der Kunst **E Erste-Hilfe-Koffer** – *Nonverbale Kommunikation (Beschreibung)*	57–66
4 Kommunikation in Arztpraxen und im Krankenhaus	**Einstieg** **A** Verwaltungstechnische Abläufe **B** Das Rezept – *Kassenärztliches Rezept* – *Feste, flüssige und gasförmige Arzneiformen* **C** Arzneimittelgruppen **D** Umgang mit Arzneimitteln – *Die Packungsbeilage* – *Bei Notfällen muss die Rettungskette funktionieren* – *Notfälle* – *Hypoglykämie* **E** Gebrauchsanweisungen – *Blutentnahme* **F** Mit Sprache spielen – *Sätzepuzzle zu sozialen und medizinischen Berufen* **G Erste-Hilfe-Koffer** – *Handlungskompetenz in medizinischen Berufen entwickeln (mit Anleitung)*	67–82
5 Menschen, die Hilfe brauchen	**Einstieg** **A** Not hat viele Gesichter **B** Hilfe und Angebote für Senioren und Pflegebedürftige **C** Behinderte – *Wider die Behinderungen* – *Neurotechnik* – *Das Prinzip der unterstützten Beschäftigung* **D** Sozialstation – *Alle Hilfen aus einem Haus* – *Um Hilfe bitten – Telefongespräche* – *Anrufbeantworter abhören – Notizen machen* **E** Dinge, die den Alltag erleichtern – *Seniorengerecht, benutzerfreundlich* – *Projekte vorbereiten: die Gerontotechnik* – *Essen auf Rädern* **F** Selbstinitiativen – *Begleitung Sterbender und ihrer Nächsten*	83–102

Lektion	Inhalt	Seite
	G Mit Sprache spielen – *Sport hält fit und macht gesund. Wie sieht Seniorensport aus? (mit Übungsanweisung)* **H Erste-Hilfe-Koffer** – *Mindmaps erstellen (mit Anleitung)*	
6 **Leben und Wohnen im Alter**	**Einstieg** **A** Wohnen im Alter **B** Wohnen und Leben im Alten- und Pflegeheim **C** Ein Tag im Leben einer Altenpflegerin **D** Mit Sprache spielen – *A-B-C-Memo* **E Erste-Hilfe-Koffer** – *Textsorten*	**103–1112**
7 **Soziale Probleme bei Jugendlichen**	**Einstieg** **A** Suchtkrankheiten – *Sucht* – *Ess-Störungen* **B** AIDS **C** arbeitslos – obdachlos – *Das große Los (Gedicht)* – *Leere Hände (Lied)* **D** Berufe im Sozialwesen **E** Mit Sprache spielen – *Dialogspiele (mit Spielregel)* **F Erste-Hilfe-Koffer** – *Feed-back geben und empfangen*	**113–128**
Quellenverzeichnis		**129**

Übersicht der Piktogramme:

Orientierendes Lesen

Selektives Lesen

Totales Lesen

Sprechen

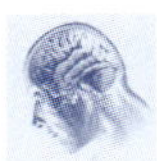

Erinnern

Merke!

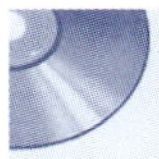

Hören

Schreiben

Markieren

Spiel

Partnerarbeit

Gruppenarbeit

Soziale und medizinische Tätigkeiten

www.fraus.com

Spielen im Unterricht und anderswo – warum?

Spiele

- erweitern Ihr „kulturelles und landeskundliches Wissen".
- machen Spaß; denn beim Spielen brauchen Sie keine Angst zu haben, Sie könnten sich blamieren. Sie werden nicht benotet, Hemmungen verschwinden einfach im Eifer des Gefechts. Ihre durch reine Kopfarbeit angestaute Energie kann sich Luft machen in Aus- und Zurufen; es wird gelacht, geschummelt und sich geärgert, aber eben nicht „echt", sondern nur über den Zufall, das Glück oder Pech im Spiel.
- fördern Ihre Selbstständigkeit, Ihre Lern- und Arbeitsstrategien; innerhalb der Spielgruppen findet Selbststeuerung statt. Sie sprechen in eigener Sache.
- können Körpersprache und nonverbale Elemente einbeziehen und entwickeln.
- erziehen auch zur Kooperationsbereitschaft, vor allem dann, wenn die Spiele vom Lehrer so vorausbedacht und organisiert werden, dass nicht ein Spieler allein Gewinner

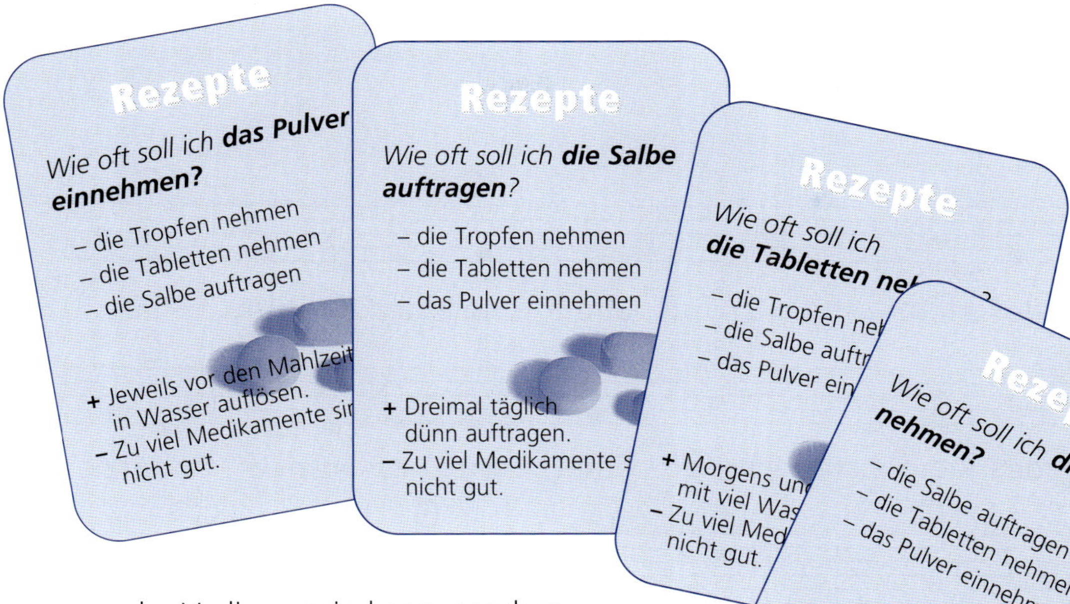

oder Verlierer sein kann, sondern immer mindestens zwei zusammen für ihren Spielerfolg verantwortlich sind. Sie, die Spielenden, müssen auch lernen, sich durchzusetzen, sogar gegen Schummler, und mit erklärten Spielverderbern müssen sie gemeinsam mit der Gruppe fertig werden.

Einladung

Es geht das Gerücht, dass in einigen Ländern die Spielwut ausgebrochen ist. Deshalb eröffnen wir auf unserer Homepage www.fraus.com eine

Spielbörse,

zu der Sie und Ihre Lerner herzlich eingeladen sind.
Auch neue Spiele sind willkommen, und nicht nur Quartettspiele.
Vergessen Sie nicht, die Regel zu beschreiben
und die Zielgruppe anzugeben.
Schicken Sie einfach Ihr Spiel an unsere Redaktion: daf@fraus.cz.
Wir setzen es dann in die Spielbörse.
Die Spielbörse ist auch Ihre Sache und lebt nur,
wenn Sie mitmachen!

Wo sich Tropfen zum Regen vereinen

Text: Marina Palmen
Melodie: Hubertus Vorholt

Jedes kleinste Tröpfchen
findet einen Platz.
Jedes kleinste Tröpfchen
wird zu einem Schatz:

Wo sich Tropfen zum Regen vereinen,
sprießen Blumen,
reifen Ähren,
wo sich Tropfen zum Regen vereinen.

Jedes kleinste Tröpfchen
findet einen Platz.
Jedes kleinste Tröpfchen
wird zu einem Schatz:

Wo sich Körner zum Backen vermengen,
duften Kuchen,
bräunen Brote,
wo sich Körner zum Backen vermengen.

Vorlektion

Kommunikation in sozialen und medizinischen Berufen ist Ihr Ziel? Kein Problem – das können Sie schaffen, wenn Sie wissen, wie Sie lernen müssen. Deswegen stellen wir Ihnen in der Vorlektion einige Strategien, Techniken und Tipps für das Lesen, Hören, Schreiben und Sprechen, aber auch für Grammatik und Wortschatz vor. Und da Lernen kommunikativ sein und Spaß machen soll, werden Sie meist zu zweit oder in Gruppen und im Spiel lernen. Einige Tipps, um Gelerntes besser zu behalten, wird Ihnen jeweils der „Erste-Hilfe-Koffer" geben. Viel Spaß und Erfolg!

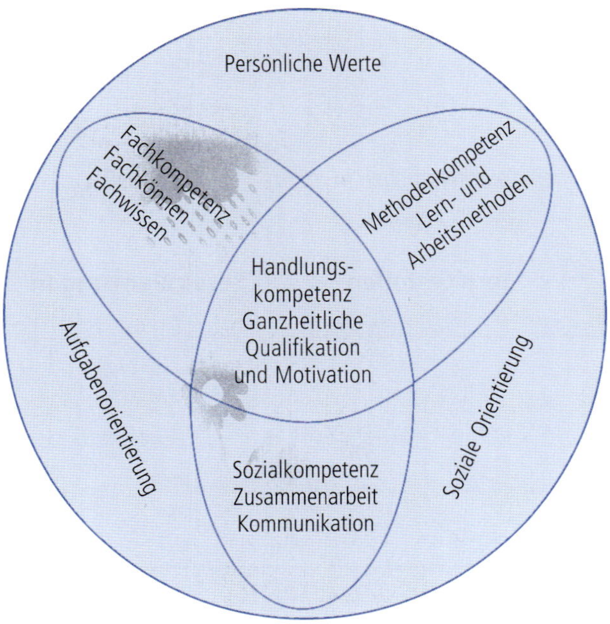

Das „Lernkonzept der Handlungskompetenz" bildet den Lernhintergrund für dieses Lehrwerk. Wir möchten Ihnen nämlich nicht nur das Fachwissen, Vokabular und Können in Arztpraxen, Krankenhäusern und Altenheimen vermitteln, sondern auch das Wissen, **wie** Sie methodisch und erfolgreich **mit und von anderen lernen** können. Schauen Sie sich dazu das Modell einmal genauer an.

Lerntipps zum Lesen

AOK – Die Gesundheitskasse in Rheinland-Pfalz
Alles Gute für Ihre Gesundheit

1. Sie wollen wissen, ob der Text wichtige Informationen enthält und wichtige Fragen und Probleme behandelt? Überfliegen Sie den Text. Nehmen Sie das **Flugzeug**: **Orientierendes** Lesen.

2. Sie suchen ganz bestimmte Hauptinformationen wie Namen, Zahlen oder Internationalismen? Nehmen Sie die **Taschenlampe**: **Selektives** Lesen.

3. Sie wollen ganz genau wissen, was in dem Text steht? Lesen Sie den Text Zeile für Zeile und Wort für Wort. Nehmen Sie die **Lupe**: **Totales** Lesen.

1 *Unterstreichen Sie in den Auszügen aus einem AOK-Prospekt alles, was Sie verstehen.*

Individualität: Für jeden Kunden gibt es einen persönlichen Ansprechpartner.
Überall für Sie da! Mit 106 Geschäftsstellen und über 600 Servicestellen ist die AOK überall gut erreichbar.
Öffnungszeiten: Die AOK-Geschäftsstellen sind montags bis freitags von 8–16 Uhr für Sie offen, also auch in der Mittagspause. Donnerstags sogar bis 18 Uhr.
Service-Telefon: (0800) 17 17 000, täglich rund um die Uhr zum Nulltarif! Auch an Sonn- und Feiertagen. Am AOK-Servicetelefon werden Sie von 0–24 Uhr an 365 Tagen im Jahr von kompetenten Mitarbeitern beraten!
Internet: www.aok.de: Informationen zu den AOK-Leistungen.
E-Mail: aok.rheinlandpfalz@rp.aok.de

2 *Haben Sie in Aufgabe 1 alle Zahlen, Ortsnamen und Eigennamen unterstrichen? Ergänzen Sie die Tabelle.*

Kontakte	Öffnungs- und Servicezeiten	Servicestellen	Serviceleistungen

LernTipp

Eigennamen, Ortsnamen, Zahlen, Internationalismen, Fettgedrucktes, Bilder sind Schlüssel zum selektiven Lesen.

3 *Lesen Sie zuerst den Text und kreuzen Sie dann an, ob die Aussagen im Text stehen: Ja oder Nein.*

Hier einige Angebote:

Arzneimittel: Wir bezahlen Ihnen alle ärztlich verordneten Arzneimittel.

Hilfsmittel: Ob Krankenfahrstühle, Prothesen, Gehhilfen oder Hörgeräte – wir garantieren schnelle und kostenfreie Hilfsmittel ohne große Formalitäten.

Brillen und Kontaktlinsen: Lassen Sie Ihre Augen regelmäßig untersuchen. Die Kosten tragen wir.

Ernährungsberatung Online: Per Internet unter www.aok.de beantwortet ein Experte Ihre E-Mail-Fragen zu Lebensmitteln & Co., vor allem zu Themen wie Diäten, Allergien und Essstörungen, aber auch zur richtigen Ernährung bei bestimmten Krankheiten.

Mutter-Kind-Betreuung: Mütter werden von Beginn der Schwangerschaft an besonders unterstützt und informiert., z. B. über Vorsorgeuntersuchungen und Schwangerschaftsgymnastik.

		JA/	NEIN
1.	Die AOK erstattet die Kosten für alle Medikamente, die der Arzt verschrieben hat.	☐	☐
2.	Für Menschen im Rollstuhl übernimmt die AOK die Kosten für den Einbau einer Rollstuhlrampe.	☐	☐
3.	Mitglieder, die ihre Augen regelmäßig untersuchen lassen, bezahlen nichts für die Untersuchung.	☐	☐
4.	Die Ernährungsberatung Online diktiert auch Rezepte für die richtige Ernährung, z. B. bei Allergien.	☐	☐
5.	Die Mutter-Kind-Betreuung empfiehlt z. B. Schwangerschaftsgymnastik.	☐	☐

LernTipp

Bei Gebrauchsanweisungen, Betriebsanleitungen, Spielregeln, Rezepten und Lesetexten für Prüfungsaufgaben muss man jedes Wort genau lesen und verstehen.

Lerntipps zum Hören

1. Die **CD** ist das Piktogramm für das Hören.
2. Sie aktivieren Ihr Vorwissen, indem Sie z. B. Informationen und Fragen, die sich auf eine Aufgabe beziehen, immer **vor** dem Hören lesen.
3. Hören Sie die Texte ein- bis dreimal und lösen sie die Aufgaben, zum Beispiel durch Ankreuzen, Sätze verbinden oder Raster ausfüllen.

info

4 *Sie hören jetzt einen Bericht von Frau Moser aus Speyer, die ehrenamtlich für den Caritasverband arbeitet. Sie meint: Den Worten müssen Taten folgen. Bitte lesen Sie zuerst die Aussagen. Hören Sie dann den Bericht und prüfen Sie. Haben Sie das gehört: Ja oder Nein?*

		JA/	NEIN
1	Frau Moser bringt seit etwa 20 Jahren Lebensmittel, Kleider und Medikamente nach Osteuropa.	☐	☐
2	Eine solche Fahrt hin und zurück dauert mindestens eine Woche.	☐	☐
3	Ihre Hauptmotivation ist die Hilfe für die Menschen.	☐	☐
4	Die Hilfsgüter gehen vor allem an Kinderheime und Krankenhäuser.	☐	☐
5	Inzwischen fährt der Caritasverband selbst mit seinen Wagen nach Osteuropa.	☐	☐

Lerntipps zum Schreiben

1. Der **Kugelschreiber** ist das Piktogramm für das Schreiben.
2. In den Sprachbaukästen geben wir Ihnen zu jeder Aufgabe Beispiele wie Satzanfänge, Satzübergänge oder Redemittel. So helfen wir Ihnen, textsortengerecht zu schreiben.

i

5 *Schreiben Sie an einen deutschen Hersteller von Rollstühlen und anderen Hilfsmitteln und bitten Sie um Prospektmaterialien in deutscher Sprache. Beachten Sie die äußere Form von Briefen. Der Sprachbaukasten hilft Ihnen.*

Name und Adresse:

Fachmittelschule für soziale
und medizinische Berufe
„..................................“ *25.02.200...*

Name und Adresse des Herstellers

....

Bitte um Informationsmaterialien

Sehr geehrte Damen und Herren,

wir sind Schülerinnen und Schüler / Studentinnen und Studenten
einer/der .... Fachmittelschule / Hochschule / Fakultät
für soziale und medizinische Berufe in ....
Im Moment beschäftigen wir uns im Unterricht mit der Frage
/ sprechen wir über ....
Daher möchten wir uns informieren über ....
/ Wir brauchen Informationsmaterialien über ....
Wir wenden uns an Sie ....
Schicken Sie uns ....

Wir danken Ihnen schon im Voraus für Ihre Bemühungen.

Mit freundlichen Grüßen

Unterschrift
Name

6 *Sie sind in einer berufsorientierten Schule / einer Fachmittelschule / einer Universität für .... Schreiben Sie eine Bewerbung für einen Praktikantenplatz und benutzen Sie die Hilfen im Sprachbaukasten. Ein Beispiel hat Ihr Lehrer / Ihre Lehrerin im Lehrerhandbuch.*

Schule / Fachmittelschule für Sozialberufe – Schulzeit / Ausbildungszeit dauern .... – das / die .... Schule dauert .... Jahre und endet mit einem Praktikum von .... Wochen / Monaten / – im Bereich .... – sich interessieren für .... – später in Deutschland arbeiten wollen – Kontakte zu Deutschland knüpfen wollen – Deutsch lernen seit ....

Wortschatz erwerben und behalten

Sehen Sie sich die folgenden Bilder an:
Wir behalten und nehmen auf:

10% von dem, was wir lesen.

20% von dem, was wir hören.

30% von dem, was wir sehen.

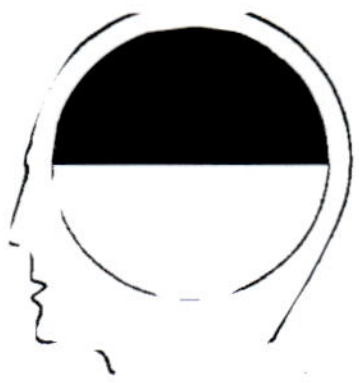

50% von dem, was wir hören und sehen.

70% von dem, was wir selbst sagen.

90% von dem, was wir selbst tun.

Zu einem Thema Wörter sammeln und ordnen

LernTipp

Wörter sammeln und ordnen bedeutet Wörter besser lernen und behalten.

7 *Versuchen Sie es: Können Sie die Wörter sortieren? Die Oberbegriffe helfen Ihnen.*

Medikamente	Drogen	Hilfsmittel

Ecstasy Tabletten Alkohol
Massagen Heilkräutertee
Kuren Zäpfchen Heroin
Bestrahlung Nasentropfen
Salbe Hörgeräte Brillen

Lerntipps zur Grammatik

Sie lernen Grammatik nach dem **S – O – S** System, d. h.
S – Sammeln: Sie sammeln, unterstreichen und listen neue Formen auf.
O – Ordnen: Sie machen eine Tabelle und ordnen die Formen ein.
S – Systematisieren: Sie vergleichen die Formen in der Tabelle und können schnell die Regel erkennen.

LernTipp

Regeln selbst erkennen und formulieren hilft, Regeln besser zu lernen und zu behalten.

S – O – S Sammeln – Ordnen – Systematisieren

schwache Verben **-t**	**Starke Verben** **-en**
ge -t fragen ➜ gefragt	**ge -en** singen ➜ gesungen
trennbare Verben: -ge -t aufpassen ➜ aufgepasst	**trennbare Verben: -ge -en** abwaschen ➜ abgewaschen
untrennbare Verben: -t ergänzen ➜ ergänzt	**untrennbare Verben: -en** zerbrechen ➜ zerbrochen
Verben auf -ieren: -t sortieren ➜ sortiert	

Zusammen lernen

Im **„Lernkonzept der Handlungskompetenz"** haben Sie gesehen, dass **Sozialkompetenz** sehr wichtig ist, z. B. in Form von **Zusammenarbeit** und **Kommunikation**. Diese Kompetenz wird in Ihrem Lehrbuch von Anfang an systematisch trainiert, und zwar in der Art und Weise der Aufgabenstellungen, durch Bewusstmachen von Lerntechniken und schließlich durch Hinweise und Erklärungen bestimmter Arbeitsmethoden im **„Erste-Hilfe-Koffer"**.

Beispiele für solche Aufgabenstellungen sind:
- Rollenspiele
- Projektarbeit
- kreatives Schreiben

Informationen erfragen und suchen

Wer fragt, der führt!

W-Fragen

- Warum? Wieso? Weshalb?
- Wofür? Womit? Wozu?
- Wo? Wohin? Woher?
- Wer? Was?
- Wann?
- Was für einer?/ Was für eine?/ Was für ein?
- Welcher/ Welche/ Welches?
- Wie?

Offene Fragen – Offene Antworten	Geschlossene Fragen – Ja- / Nein-Antworten
– Was kann ich für Sie tun? – Wie kann ich Ihnen helfen?	– Kann ich Ihnen helfen?
– An welche Hilfsaktion denken Sie denn?	– Kennen Sie eine Hilfsaktion?
– Warum spenden Sie kein Geld?	– Geben Sie auch Geld?
– Wo möchten Sie sich denn organisieren/engagieren?	– Haben Sie denn genug Zeit?

! **Merke:**
Bei geschlossenen Fragen ist die Gesprächsphase schnell zu Ende.

LernTipp

Verben und Präpositionen zusammen lernen = noch mehr W-Fragen stellen können

Informationen suchen und nachschlagen

Was kann Ihnen helfen, Ihr Deutsch zu verbessern?

Beispiele:
- zweisprachige Wörterbücher
- Nachschlagewerke (z. B. Rechtschreibung, Grammatik…)
- Online-Wörterbücher
- Zeitungen, Zeitschriften, Hörfunk, Fernsehen

Zusätzliche Hilfen in diesem Lehrwerk:
- eine alphabetische Wortliste (mit Übersetzungen in verschiedenen Sprachen)
- Lerntipps
- Erste-Hilfe-Koffer (methodische Hilfen)

Mit Sprache spielen

Mit Sprache spielen bedeutet in diesem Buch, mit Gedichten, Liedern, Redewendungen, Kreuzwort- und Gitterrätseln, Rollen- und Quartett-Spielen zu lernen.

8 **a** *In der Wörterschlange haben sich Verben aneinandergereiht, die etwas mit sozialen und medizinischen Berufen zu tun haben. Welche sind es?*

8 **b** *In dieser Schlange haben sich feste Begriffe versteckt, die man bei einer Tätigkeit im sozialen und medizinischen Bereich kennen sollte. Achten Sie bei der Auflistung auf Groß- und Kleinschreibung.*

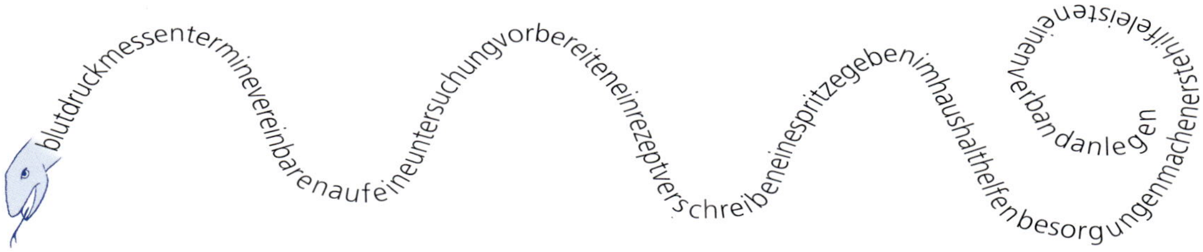

8 **c** *Hören Sie das Gedicht.*

Windgriff

Manche Wörter
leicht
wie Pappelsamen

steigen
vom Wind gedreht
sinken

schwer zu fangen
tragen weit
wie Pappelsamen

manche Wörter
lockern die Erde
später vielleicht

werfen Sie einen Schatten
einen schmalen Schatten ab
vielleicht auch nicht

Hans Magnus Enzensberger

Das folgende kooperative Spiel „Wünsche, Bitten und Fragen" haben wir im Antigewaltbaukasten des Deutschen Roten Kreuzes gefunden und für Sie angepasst. Das Spielfeld, die Ereignis- und Antwortkarten zum Herunterladen finden Sie unter www.fraus.com
Schneiden Sie diese aus. Immer dann, wenn Sie Ihre Aufgaben gemacht haben, können Sie mit einigen Kursteilnehmern, die auch schon fertig sind, zusammen spielen und dabei Ihr Wissen und Ihre Kommunikationsfertigkeit verbessern.

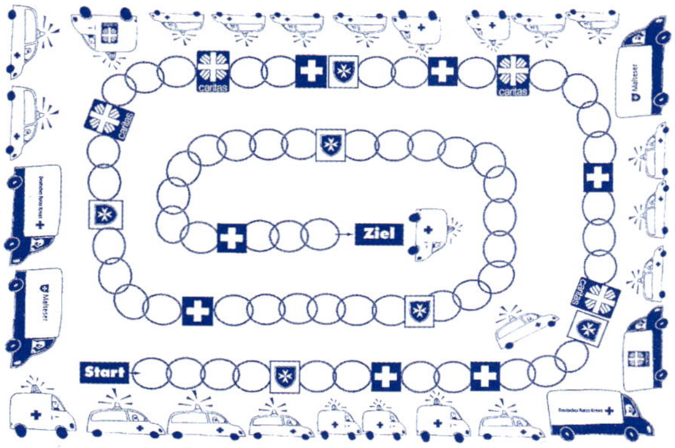

Spielregel:

Die Ereignis- und Antwortkarten ausschneiden. Die Ereigniskarten mit dem Text nach unten neben das Spielfeld legen und die Antwortkarten an die Mitspieler verteilen. Alle Mitspieler müssen die gleiche Anzahl an Antwortkarten haben. Jeder Mitspieler setzt seine Spielfigur auf Start. Es wird reihum gewürfelt. Wer zuerst eine Sechs würfelt, darf anfangen. Kommt ein Spieler 1 auf ein Ereignisfeld (Symbole des Roten Kreuzes, der Caritas oder der Malteser), so zieht er eine Karte, liest den Wunsch, die Bitte oder Frage vor und bestimmt, welcher Mitspieler 2 darauf reagieren soll. Wenn Mitspieler 2 die entsprechende Antwortkarte hat und richtig reagieren kann, so werden Ereignis- und Antwortkarte abgelegt. Hat Spieler 2 die Antwortkarte nicht, so stellt der Nächste eine Frage. Gewonnen hat derjenige, der zuerst keine Antwortkarten mehr hat.

Beispiel:

Lektion 1

Soziale Einrichtungen

Einstieg

a *Was fällt Ihnen ein, wenn Sie den Begriff „Soziale Einrichtungen" hören?*

Soziale Einrichtungen

b *In den folgenden Ausschnitten aus Lexika und Nachschlagewerken finden Sie kurze Erklärungen, Definitionen und Erläuterungen zu verschiedenen Stichwörtern, die mit dem Thema „Soziale Einrichtungen" verbunden sind. Lesen Sie diese und unterstreichen Sie die Bezeichnungen, die Sie für das Thema „Soziale Einrichtungen" wichtig finden. Tragen Sie diese dann in den Raster ein.*

Bezeichnungen/Namen	Rollen, Funktionen, Aufgaben/ Verben, Adjektive, Wendungen	Entsprechung in der Muttersprache
– die Sozialhilfe – der Sozialhilfeempfänger	– in Not sein – etwas zum Leben brauchen	

Definition

Sozialamt, das: die Behörde, bei der man die Sozialhilfe bekommt
Sozialabgaben: Beiträge zur Sozialversicherung
Sozialarbeit, die, nur Sg.: die Arbeit, mit der staatliche oder private Institutionen versuchen, schlechte soziale Bedingungen zu verbessern und Menschen zu helfen, die in Not sind
Sozialarbeiter, der / **Sozialarbeiterin**, die: jemand, der in der Sozialarbeit tätig ist
Sozialhilfe, die: das Geld, das der Staat Menschen gibt, die in Not sind, damit sie das bezahlen können, was sie unbedingt zum Leben brauchen (wie Wohnung, Kleidung, Nahrung)
Sozialhilfeempfänger, der: jemand, der Sozialhilfe bekommt
Sozialwohnung, die: eine relativ billige Wohnung, die der Staat solchen Leuten zur Verfügung stellt, die wenig Geld verdienen
Sozialversicherung, die: ein System von (staatlichen) Versicherungen, die Arbeitgeber u. Arbeitnehmer finanzieren u. die Not und Armut im Fall von Krankheit, Arbeitslosigkeit, im Rentenalter oder im Pflegefall verhindern sollen: Arbeitslosenversicherung – Krankenversicherung – Rentenversicherung – Unfallversicherung – Pflegeversicherung

Hilfe, die:
1 nur Sg. das Helfen; die Unterstützung (ärztliche, nachbarliche, finanzielle, materielle, wirksame, gegenseitige Hilfe; jemandem Hilfe leisten/zusagen; jemandem zu Hilfe eilen/kommen; jemandem seine Hilfe anbieten; bei jemandem Hilfe suchen; jemanden um Hilfe bitten; um Hilfe flehen/rufen/schreien)
2 etwas, was man als Unterstützung bekommt, meistens Geld (Hilfe beantragen/beziehen/erhalten; Hilfsdienst, -gelder, -kasse, -organisation; Entwicklungs-, Sozial-, Wirtschaftshilfe)
3 jemand, der bei einer Arbeit hilft, meistens ohne dafür ausgebildet zu sein (eine Hilfe einstellen/suchen: Die alte Dame sucht eine Hilfe für den Haushalt. Ernte-, Haushalts-, Küchen-, Laden-, Putzhilfe)
4 Erste Hilfe: die ersten und meistens sehr wichtigen medizinischen Maßnahmen, mit denen man einem Verletzten hilft, bevor der Arzt eintrifft (jemandem Erste Hilfe leisten; Erste-Hilfe-Kurs)
hilfsbereit, Adjektiv: gern bereit zu helfen
Hilfsbereitschaft, die, nur Sg.
Hilfsmittel, das:
1 etwas, das eine Arbeit (oder ein Vorhaben) einfacher macht; ein technisches Hilfsmittel; ein Hilfsmittel anwenden/benutzen
2 nur Pl. Geld oder Gegenstände, die jemandem helfen sollen, der in Not ist

c *Vergleichen Sie Ihre Ergebnisse in der Klasse.*

d *Bitte setzen Sie die entsprechenden Begriffe ein.*

1 Mutter ist plötzlich krank. Wer soll den Haushalt führen? Die AOK vermittelt eine ....
2 Die Sozialversicherung umfasst die ...., die ...., die ...., die .... und die ....
3 Der Notarzt, die Feuerwehr und die Polizei leisten bei Unfällen und Katastrophen ....
4 Wenn unsere Regierungen den Ländern der Dritten Welt finanzielle und technische Hilfe leisten, spricht man von ....

e *Bitte setzen Sie die entsprechenden Verben bzw. Substantive ein.*

1 Ich kann nicht mehr alleine einkaufen und putzen. Ich .... eine Haushaltshilfe.
2 Ich kann meinen Kinder nichts zum Anziehen kaufen. Wo kann ich Hilfe ....?
3 Die Erdbeeren müssen gepflückt werden. Wir stellen eine .... ein.
4 Frau Neu ist die Handtasche geklaut worden. Sie .... die Passanten um Hilfe.
5 Seine Nachbarin hat sich ein Bein gebrochen. Er .... ihr Hilfe ....
6 Unfallärzte .... Erste Hilfe.

A Träger von sozialen Diensten

Soziale Dienste in Deutschland

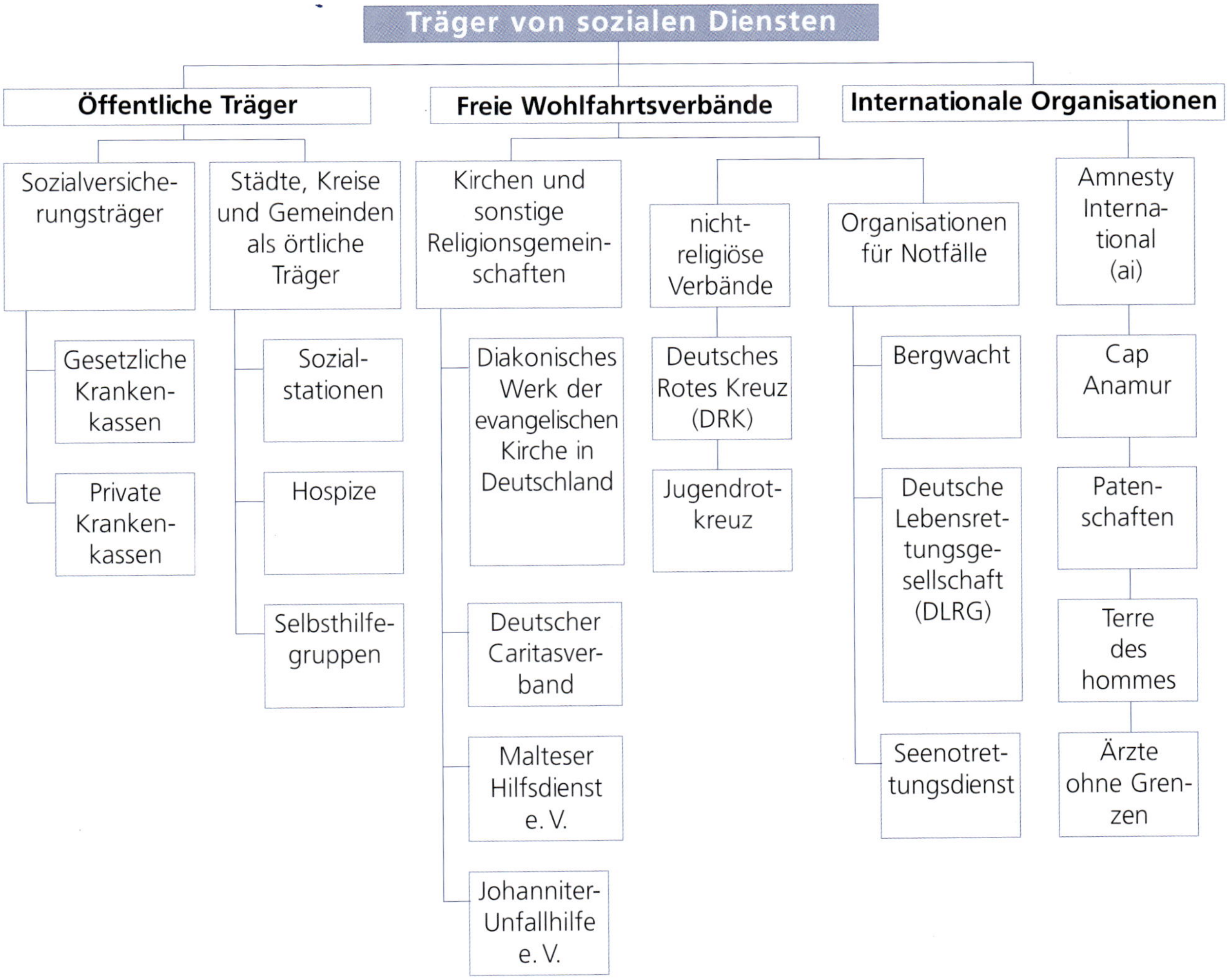

1 *Können Sie entsprechende Hilfsorganisationen in Ihrem Land nennen? Welche internationalen Organisationen sind in Ihrem Land vertreten? Machen Sie ein Schema.*

2 *Jeder Verband hat sein Logo oder seine Abkürzung. Welche von diesen Logos kennen Sie schon? Ordnen Sie die Logos den Namen der Organisationen zu.*

1 Deutsches Rotes Kreuz (DRK)
2 Johanniter-Unfallhilfe (JUH)
3 Malteser Hilfsdienst (MHD)
4 Caritas
5 Cap Anamur
6 Roter Halbmond
7 Schulsanitätsdienst
8 Ärzte ohne Grenzen
9 Deutsche Lebensrettungsgesellschaft (DLRG)
10 World Vision
11 Bergwacht
12 Deutsche Gesellschaft zur Rettung Schiffbrüchiger (DGzRS)
13 amnesty international (ai)

A Deutsches Rotes Kreuz

B

C Johanniter Unfall-Hilfe

D ai amnesty international

E DLRG

F

G

H Schulsanitätsdienst • Eine Aktion des Jugendrotkreuzes

I

J WORLD VISION

K KOMITEE CAP ANAMUR

L

M caritas

1	2	3	4	5	6	7	8	9	10	11	12	13
A												

LernTipp

Abkürzungen, Symbole, Firmenlogos und Piktogramme erkennen gehört zu den Basiskompetenzen.

B Helfen hat viele Namen

3 **a** *Lesen Sie den Lexikonartikel über das* **Rote Kreuz** *und notieren Sie Stichwörter/Informationen zu folgenden Punkten:*

1 Logo: ....
2 Gründer; Geschichte: ....
3 Aufgaben: ....
4 Zusätzliche Informationen: ....

Rotes Kreuz

Von **Henry Dunant** 1863 in Genf gegründete Bewegung freiwilliger und privater Hilfsorganisationen zur Linderung der Leiden von Kriegsopfern und zur Wahrung der Menschlichkeit im Krieg, entsprechend der Genfer Konvention. Aufgebaut aus selbstständigen nationalen Rotkreuz-Gesellschaften, die in der Liga der Rotkreuz-Gesellschaften zusammengeschlossen sind. **Hauptaufgaben** des Internationalen Komitees des Rotes Kreuzes, Abkürzung **IKRK**, **Sitz** in Genf, sind Vermittlung zwischen den nationalen Gesellschaften, materielle und psychologische Unterstützung von Kriegsgefangenen und zentraler Suchdienst. 1917, 1944, 1963 erhielt das IKRK jeweils den Friedensnobelpreis.

3 **b** *Beschreiben Sie das **Deutsche Rote Kreuz** oder den **Johanniterorden** anhand der Informationen aus dem Lexikon. Der Lerntipp und die Satzanfänge helfen Ihnen.*

LernTipp

So können Sie Organisationen beschreiben:

1. Name und Abkürzung
2. Logo
3. Geschichte
4. Aufgaben und Tätigkeiten
5. Zusätzliche Informationen

Die Organisation heißt: .... Sie wurde .... gegründet.

Ihre Aufgaben sind folgende: ....

Deutsches Rotes Kreuz

Deutsches Rotes Kreuz

Das **Deutsche Rote Kreuz**, Abkürzung **DRK**, **Hauptsitz** in Bonn, ist heute auch mit Aufgaben der Wohlfahrts- und Krankenpflege, der Ersten Hilfe, des Rettungs- und Suchdienstes betraut.

Der **Suchdienst** des Deutschen Roten Kreuzes: Organisation zur Klärung des Schicksals vermisster Kriegsgefangener sowie von im Ausland verschollenen Zivilpersonen. Sitz in München und Hamburg, nationale Gesellschaft des zentralen Suchdienstes des Roten Kreuzes (ZSD), der sich neben der Suche nach Vermissten auch um Flüchtlinge, Familienzusammenführung und Repatriierungen kümmert.

Johanniterorden

(Rhodiser, Malteser Orden), ältester geistlicher Ritterorden, um 1099 in Jerusalem gegründet. **Aufgabe**: Krankenpflege und Waffendienst; Ordenstracht (Johanniterkreuz). Frühere Ausbreitung und Besitztümer v. a. im europäischen Mittelmeerraum; Grenzschutz v. a. gegen die Türken. 1291 Sitz Zypern, 1309 Rhodos, 1530 bis 1798 Malta. **Organisation** aus adligen Rittern, Priestern und dienenden Brüdern (Servienten), geführt von Ordensmeistern (ab 1267 Großmeister). Aus der 1540 evangelisch gewordenen Ballei Brandenburg entwickelte sich der evangelische Zweig, der sich noch heute **Johanniterorden** nennt. Der katholisch verbliebene Teil des Johanniterordens nennt sich seit 1530 **Malteserorden** (Sitz im Vatikan). Beide Zweige sind karitativ tätig.

4 *Beschreiben Sie die beiden Organisationen.*

Deutscher Caritasverband

Der Deutsche Caritasverband wurde 1897 gegründet, um die sozialen Aktivitäten und Einrichtungen innerhalb der katholischen Kirche zusammenzufassen. Der Deutsche Caritasverband ist ein Spitzenverband der Freien Wohlfahrtspflege und steht in enger Kooperation mit den anderen freien Wohlfahrtsverbänden und den Trägern der öffentlichen Wohlfahrtspflege.

Die **Aufgaben** der Caritas ergeben sich aus den Notlagen, von denen Menschen heute betroffen sein können. Das Hilfsangebot reicht von den verschiedensten Diensten sozialer Hilfe im Inland bis zur Katastrophenhilfe in der Dritten Welt. Der Deutsche Caritasverband und seine Fachverbände unterhalten in Deutschland Beratungsstellen für Erziehungsberatung, Ehe- und Lebensberatung, Beratungsstellen für alte Menschen, behinderte Menschen, Suchtkranke, Aids-Kranke, Arbeitslose, Ausländer, Auswanderer usw. Neben den Sozialstationen und dem großen Bereich der Tageseinrichtungen (vor allem der Kindergärten) gehören Krankenhäuser, Kinder- und Jugendheime, Mutter und Kind-Heime, Altenheime, Heime für Behinderte und andere zum Caritasverband. Darüber hinaus unterhält der Caritasverband zahlreiche Ausbildungsstätten für soziale Berufe. Die Fahrdienste und Aktivitäten der Caritas haben aus dem christlichen Glauben die gemeinsame Motivation, für alle Menschen in Not, unabhängig von Bekenntnis und Weltanschauung, zur Verfügung zu stehen.

Komitee Cap Anamur

KOMITEE CAP ANAMUR

Das Komitee wurde erst im Februar 1979 anlässlich der großen Not der vietnamesischen Flüchtlinge im Südchinesischen Meer gegründet. Der Name des ersten Schiffes war Cap Anamur nach einem Cap in der Türkei. Dieses Schiff wurde so bekannt, dass man das Komitee danach benannte. In den folgenden Jahren konnten 10 395 Flüchtlinge gerettet werden. Viele Aktionen in zahlreichen Ländern folgten, wobei sich die Struktur des Komitees bis heute kaum verändert hat. Etwa 25 Mediziner und Techniker versuchen, in den Projekten gemeinsam mit einheimischen Kräften das Leben von Menschen in Not menschenwürdiger zu gestalten. Sie sind angestellt, verdienen ca. 1000 € brutto und verpflichten sich für mindestens sechs Monate.

Unser Prinzip ist: Wir geben nie Geld, wir geben nicht an Regierungen.

www.cap-anamur.org

Einige Projektbeispiele (seit 1979)

Südsudan: Medizinprojekt in den Nuba-Bergen, Versorgungsflüge für Hungernde

Osttürkei: Hilfe bei der Versorgung einer einheimischen Ambulanz in Diyarbakir

Bosnien: mobile Betreuung von Querschnittsgelähmten in Sarajevo, großes „Dächer-Projekt“ (bisher 1943 Dächer)

Benin: Krankenhaus

Sierra-Leone: Renovierung und Arbeit in den Krankenhäusern in Freetown Port Loko

Nordkorea: Lebensmittellieferungen, Wiederaufbau von 3 Hospitälern

Kosovo: Baumaßnahmen und Medikamentenversorgung im Kosovo und Versorgung der Kosovo-Flüchtlinge in Albanien

Wir unterstützen außerdem ein Straßenkinderprojekt in **Nairobi**: die Schauspielerin Anne Wanjugu hat 130 Kindern ein neues Zuhause gegeben.

Rwanda: Bezahlung des Baumaterials für eine Schule in Nordika

5 *Präsentieren Sie die Ergebnisse auf einer Folie oder an der Tafel oder als Wandzeitung.*

6 *Projektarbeit: Sammeln Sie Informationen über soziale Organisationen in Ihrem Land / in Ihrer Stadt. Die Ergebnisse können Sie in verschiedenen Formen präsentieren: Flussdiagramm, Schema, Wandzeitung, Album, Infoblätter o. ä.*

Das Jugendrotkreuz
Das Jugendrotkreuz (JRK) ist Bestandteil des DRK und funktioniert im Rahmen dieser Organisation. Es ist offen für alle Kinder und Jugendlichen im Alter von 6 bis 27 Jahren, unabhängig von ihrer Religion, Herkunft und Parteizugehörigkeit.

7 **a** *Diese kurzen Texte enthalten Informationen über die Tätigkeiten des JRK. Unterstreichen Sie darin die Schlüsselwörter, ordnen Sie dann die Überschriften den Texten zu.*

1 Jeder ist anders!
2 JRK & Schule
3 Internationale Verständigung
4 Sich wohl fühlen – sich gut fühlen
5 Und noch was: Umweltschutz

A
Die einen bewegen sich auf zwei Füßen vorwärts – die anderen im Rollstuhl. Manche werden im Kinderwagen geschoben, und dann gibt es solche, die einen Stock brauchen. Deshalb gibt es bei uns alles, vom Babysitter–Service bis zum Seniorennachmittag. Wir bieten Veranstaltungen für Kids, Hausaufgaben- und Einkaufshilfen, Behindertenfreizeit an. So bunt ist die Welt.

B
Veränderungen politisch anmahnen ist das eine – sie im Alltag selbst in die Hand nehmen, das andere. Deshalb haben ein paar Bastler des JRK eine Solaranlage zur mobilen Wasseraufbereitung entwickelt. Andere ökologische Projekte: Containerpatenschaften oder die jährliche **Waldputzete**. Es gibt genügend Möglichkeiten, etwas zu tun. Aber eines steht fest: Umweltschutz geht uns alle an!

C
Wir sind da, wenn wir gebraucht werden! Als Sanitätsdienst im schulischen Alltag auf dem Pausenhof. Wir veranstalten ganze Projekttage, laden euch zum Mitmachen ein, fordern euch zum Erste-Hilfe-Turnier heraus.

Anmerkung: „Waldputzete" heißt: den Wald sauber machen, „putzen". Vielleicht steck in diesem Wort sogar das Wort „Fete". Es bedeutet also auch, mit vielen Leuten Spaß zu haben.

D
Wir finden, es darf mehr sein. Mehr als riesige Konferenzen irgendwo auf der Welt und Erklärungen, die nur auf dem Papier stehen. Wir organisieren internationale Begegnungen zum Beispiel in Armenien, Workcamps, Jugendkonferenzen und multikulturelle Feste. Wir wollen herausfinden, wie andere denken und leben, wo wir einander ergänzen und uns unterscheiden. We are the world.

E
Klar, feiern ist lustig und macht durstig – wir kennen das. Darum bieten wir auf Stadtfesten und Sportveranstaltungen Mixgetränke ohne Alkohol an. Raffiniert, himmlisch, tropisch, paradiesisch, würzig, blumig, süffig, ... Ganz nach Wunsch!

1	2	3	4	5

7 **b** *Erstellen Sie Handzettel für die Angebote aus Aufgabe 7a. Beginnen Sie z. B. so:*

Beispiel:

Natur erkunden, Jugendliche kennen lernen, sich für die Umwelt engagieren –
Habt ihr Lust?

Dann macht mit bei unserer jährlichen
Waldputzete

Samstag, 15. März

Treffpunkt:
DRK-Jugendhaus
Kinderstraße 3
70001 Stuttgart

7 **c** *Stellen Sie sich gegenseitig Fragen zu den Tätigkeiten.*

Beispiel:

Was bedeutet „Sanitätsdienst"?
oder: Wie und wo kann ich mich international engagieren?

7 **d** *Machen Sie einen Aufruf per Lautsprecher und laden Sie zur Waldputzete am Samstag, den 15.03. von 9 – 18 Uhr ein. Fangen Sie z. B. so an:*

„Am Samstag, den 15.03. von 9 bis 18 Uhr findet im Stadtwald..."

7 **e** *„Probier's mal ohne Alkohol," das ist das Motto des JRK. Es wurden sogar Rezepte für alkoholfreie Getränke herausgegeben. Hier zwei Beispiele.*

Supersaftikus

0,75 l Zitronensaft
0,25 l Grapefruitsaft
1 Zitrone
Zucker
Organen- und Zitronenscheiben

Hohe Gläser mit Zuckerrand versehen. Säfte mischen, eventuell mit Zucker abschmecken. In die Gläser geben und mit Orangen- bzw. Zitronenscheiben am Glasrand garnieren.

Paradise-Flip

0,75 l Multivitaminsaft
0,25 l Mineralwasser
1 Packung Vanillezucker
1 Zitrone
Eiswürfel

Vanillezucker in Zitronensaft auflösen.
Mit Saft und Mineralwasser mixen.
Mit Eiswürfeln in hohe Gläser füllen.
Eventuell mit Zitronenscheiben garnieren.

7 **f** *Und jetzt sind Sie dran. Schlagen Sie bitte Ihr eigenes Rezept vor.*

Der Schulsanitätsdienst

8 **a** *Suchen Sie vier Beispiele für Unfälle, die in Schule oder Universität passieren können.*

Beispiel: Während des Physikunterrichts hat sich ein Schüler bei einem Experiment die Finger verbrannt.

Eine Aktion des Jugendrotkreuzes Schulsanitätsdienst

Eine Aktion des Jugendrotkreuzes
Schulsanitätsdienst

Das Plus (+) an unserer Schule

Schulsanitäter sind immer bereit und geben Sicherheit:

- während des Unterrichts
- in den Pausen
- bei Sportveranstaltungen
- bei Ausflügen
- bei Wandertagen
- bei Klassenfahrten
- bei Schullandheimaufenthalten
- bei sonstigen schulischen Veranstaltungen.

Schulsanitäter sind fit in Erster Hilfe, können verletzte und erkrankte Schüler betreuen und warten und ergänzen das Sanitätsmaterial an der Schule.

info info

8 **b** *Als Schulsanitäter müssen Sie ein Verbandspäckchen benutzen können. Sagen Sie Ihrem Freund, der auch Schulsanitäter werden will, wie er vorgehen soll. Setzen Sie dafür die Verben aus dem Kasten ein.*

achten – umschlagen – beenden – auseinander ziehen – festhalten – liegen – berühren – führen – öffnen – entfernen – verknoten – auflegen – einziehen

Beispiel: Du musst zuerst das Verbandspäckchen öffnen und dafür die Schutzhülle und die Papierhülle entfernen.

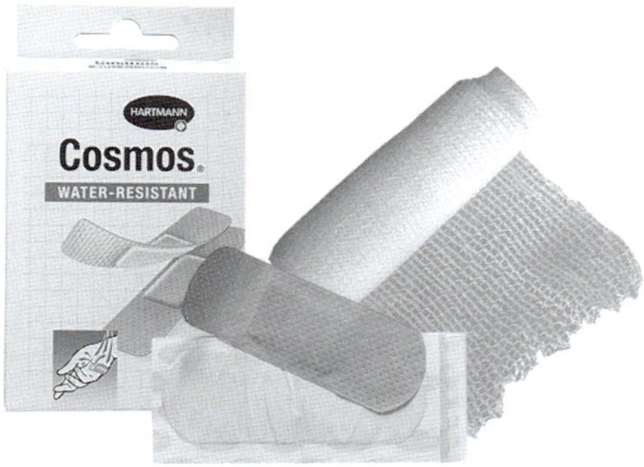

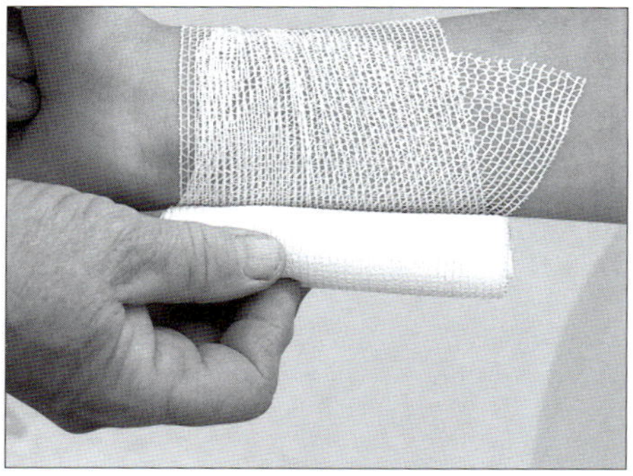

1 Das Verbandspäckchen ...., dafür die Schutzhülle und die Papierhülle ....

2 Das Verbandspäckchen mit beiden Händen ...., so dass die Bindenrolle in der einen Hand und das Bindenstück in der anderen Hand .... Darauf ...., die Wundauflage nicht zu .... Die Wundauflage auf die Wunde ....

3 Das kurze Bindenstück .... und die Bindenrolle zwei- bis dreimal über die Wundauflage führen.

4 Dabei das kurze Bindenstück .... und in die Bindengänge ....

5 Die weiteren Bindengänge so ...., dass die Wundauflage völlig bedeckt ist.

6 Den Verband mit Pflasterstreifen .... und die Binde ....

Malteser Hilfsdienst und Malteser Jugend

9 **a** *Sehen Sie sich die Fotos an. Sie stellen Tätigkeiten des Malteser Hilfsdienstes dar. Für die Hospizarbeit geben wir Ihnen Beispiele. Schreiben Sie zu den anderen Bildern, worin die Hilfe besteht.*

A Arbeit im Hospiz

- bei schweren Schmerzen Medikamente geben
- Zeit für Sterbende haben
- mit Angehörigen sprechen
- physischen Kontakt mit den Sterbenden halten (z. B. Hand halten)

B Hilfeleistung im Katastrophenfall

- bei Überschwemmungen
- .... -unglücken
- .... -abstürzen
- .... -ausbrüchen

C Betreuung pflegebedürftiger Menschen

- beim Essen
- Essen auf Rädern
- beim Geben von ....
- ....

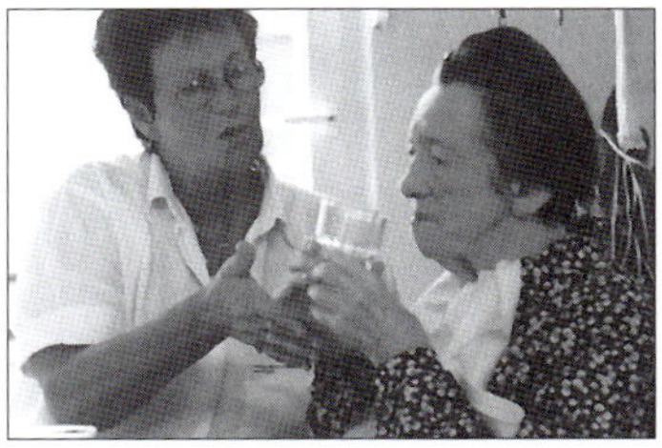

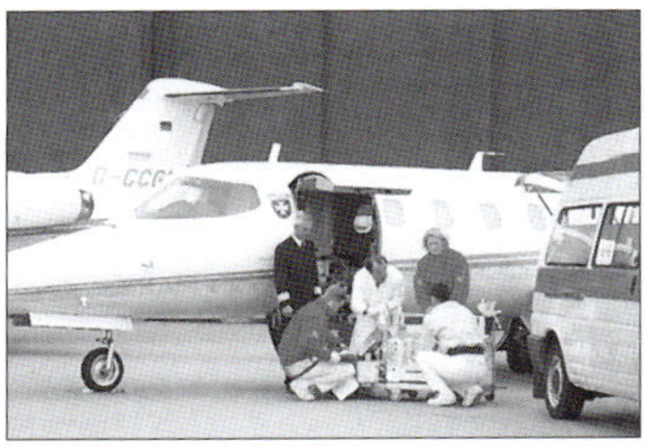

D Hilfsgütertransporte ins Ausland

- nach Bosnien
- ....

E Rettungs- und Fahrdienste

- Blutkonserventransport
- ....

9 **b** *Beschreiben Sie nun mit Hilfe Ihrer Notizen aus Aufgabe 9a die Aufgaben der Malteser. Die Redemittel helfen Ihnen.*

Redemittel

Die Malteser helfen .... – Der Malteser Hilfsdienst ist zuständig für .... – Sie unterstützen .... – Sie versuchen, ... – Die Malteser Jugend organisiert .... – .... ist im .... Notfall/Unfall für Sie da.

10 **a** *Was möchten Sie noch über die Malteser wissen? Formulieren Sie Fragen.*

Mich würde interessieren, ob......... . – Ich würde gerne wissen, ob/wie/warum......... . – Können Sie mir erklären, wie/ob/warum .... – Können Sie mir sagen,......... . – Stimmt es, dass .... – Ist es richtig, dass ....

LernTipp

Ein guter Hörer ist ein aktiver Hörer. Er bereitet sich vor.

10 **b** *Hören Sie nun das Interview mit Herrn Burkhard, der schon seit Jahren Malteser ist. Machen Sie Notizen zu den folgenden Stichpunkten:*

1 Mitglieder

....

2 Aufgaben und Tätigkeiten

....

3 Malteser Jugend

....

4 Internationales Engagement

....

LernTipp

Notizen machen Sie am besten mit Substantiven und Verben im Infinitiv oder substantivierten Verben.

11 *Projektarbeit. Sie sollen in Ihrer Schule, Ihrer Universität oder in Ihrem Betrieb über die Malteser informieren. Bereiten Sie einen Informationsstand vor. Schreiben Sie Infoblätter.*

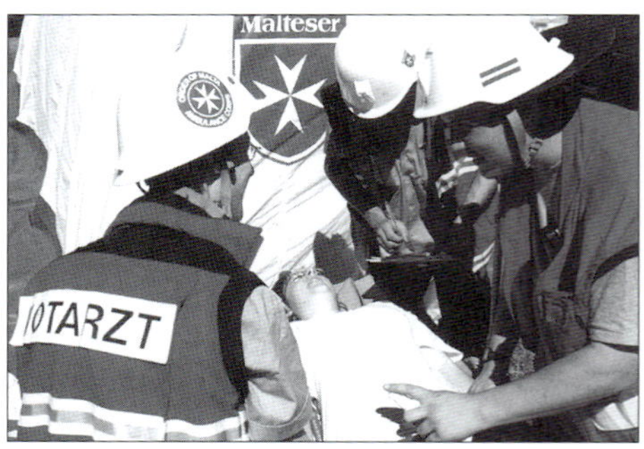

12 **a** *Haben Sie schon etwas von der Aktion „Patenschaften" gehört? Was stellen Sie sich darunter vor? Erzählen Sie.*

Ja! ❑ Ich möchte mithelfen, weitere Paten zu finden! Senden Sie, indem Sie sich auf mich berufen, ausführliche Informationen über Ihre Arbeit sowie einen unverbindlichen Patenschaftsvorschlag an folgende Anschrift(en):

❑ Herr ❑ Frau ❑ Familie ❑ Firma ❑ Organisation

Vorname ______ Zuname ______

Straße und Hausnummer oder Postfach ______

PLZ ______ Wohnort ______

❑ Herr ❑ Frau ❑ Familie ❑ Firma ❑ Organisation

Vorname ______ Zuname ______

Straße und Hausnummer oder Postfach ______

PLZ ______ Wohnort ______

❑ Ich möchte selbst eine weitere Patenschaft übernehmen.
Senden Sie mir bitte einen unverbindlichen Patenschaftsvorschlag für
❑ ein Mädchen, ❑ einen Jungen, ❑ ist mir nicht wichtig,
❑ aus Afrika, ❑ aus Asien, ❑ aus Lateinamerika,
❑ aus einem Land/Projekt, in dem Hilfe besonders nötig ist.

Absender ❑ Herr ❑ Frau ❑ Familie ❑ Firma ❑ Organisation

Vorname ______ Zuname ______

Straße und Hausnummer oder Postfach ______

PLZ ______ Wohnort ______

Tel. privat ______ Tel. geschäftlich ______

Adressnummer (falls vorhanden) ______

Bitte freimachen.

200797 / HD02-2002

Antwort

WORLD VISION Deutschland e.V.
Am Houiller Platz 4
61381 Friedrichsdorf

12 **b** *Hören Sie nun das Interview. Welche Punkte spricht Frau Dorothea Lévy-Hillerich an?*

1 ....
2 ....
3 ....
4 ....
5 ....
6 ....

13 *Oben finden Sie das Formular zu dieser Aktion. Füllen Sie es bitte aus.*

14 *In diesem Kapitel haben Sie viele Informationen über die in Deutschland tätigen sozialen Organisationen bekommen. Bereiten Sie bitte ein ausführliches Interview vor. Arbeiten Sie zu zweit – eine Person spielt die Rolle des Journalisten, die zweite ist ein ehrenamtlicher Vertreter einer von Ihnen ausgewählten Organisation. Hilfen zur Fragetechnik finden Sie in der Vorlektion.*

! **Merke:**
Grundsätzlich sollten Sie viele W-Fragen stellen, denn bei geschlossenen Fragen ist die Gesprächsphase schnell zu Ende.

C Lust auf freiwilliges Engagement?

Anders lernen – sich anderswo bilden

Folgende Länder nehmen an dem Programm Sokrates, Leonardo da Vinci und Jugend teil: die Mitgliedsstaaten der EU, die Länder des Europäischen Wirtschaftsraums Island, Liechtenstein und Norwegen und nach speziellen Modalitäten die Länder Bulgarien, Rumänien und die Türkei.

Bildung und Kultur
Leonardo da Vinci

Bildung und Kultur
Sokrates

15 *Bevor Sie mehr über Leonardo da Vinci erfahren, müssen Sie einige wichtige Wörter lernen. Ordnen Sie zu.*

1 .... das sind alle, die für ihre Arbeit bezahlt werden
2 .... das sind Projekte, an denen mehrere Länder beteiligt sind
3 .... das ist die Person, die die Azubis im Betrieb ausbildet
4 .... das ist die Zeit, in der man einen Beruf lernt
5 .... das Projekt wird unterstützt
6 .... die erste Ausbildung, die man absolviert
7 .... ein Ingenieur macht z.B. diese Ausbildung

grenzüberschreitend – Förderung von Projekten – Berufsausbildung – Ausbilder – Erstausbildung – Arbeitnehmer – Hochschulausbildung

16 *Leiten Sie das Substantiv ab.*

Beispiel:

ein Projekt durchführen: die Durchführung eines Projektes
ein Projekt fördern: ....
junge Menschen für einen Beruf ausbilden: ....
junge Auszubildende in ein Unternehmen vermitteln: ....

17 *Lesen Sie die Information über das **Leonardo-Programm** und stellen Sie sich dann gegenseitig Fragen dazu.*

Beispiel: An wen richtet sich das Programm vor allem?

Leonardo da Vinci ist das Aktionsprogramm der Europäischen Kommission im Bereich der beruflichen Bildung. Zu seinen wichtigsten Maßnahmen zählt die Förderung grenzüberschreitender Projekte für die Mobilität von Personen in der Berufsausbildung, besonders von Jungem Menschen und von Ausbildern. Die in der Berufsausbildung stehenden Personen können in Erstausbildungseinrichtungen oder Unternehmen im Ausland vermittelt werden, und zwar über einen Zeitraum von 3 Wochen bis 9 Monaten für Personen in der Erstausbildung, von 3 bis 12 Monaten für Studierende und von 2 bis 12 Monaten für junge Arbeitnehmer und für junge Hochschulabsolventen.
Weitere Informationen finden Sie unter: http://europa.eu.int/comm/education/index_de.html

Der Europass Berufsbildung
Seit 1. Januar 2000 erhalten Personen, die im Rahmen einer alternierenden Ausbildung Berufsbildungsabschnitte in Europa absolvieren, den **Europass Berufsbildung**. Es handelt sich um ein Gemeinschaftsdokument, das die in einem anderen Mitgliedstaat abgelegten Berufsbildungszeiten beschreibt. Er enthält die Personalien, Angaben zu der Berufsausbildung und die im Ausland absolvierten Berufsbildungszeiten. Der **Europass Berufsbildung** gehört zur Lernbiografie des Europäischen Sprachenzertifikats.

Das Programm Jugend

18 *Überfliegen Sie das **Programm Jugend** und schreiben Sie Stichwörter in die rechte Spalte zu folgenden Punkten: **Schlüsselqualifikationen – Bezeichnung der Aktionen – Alter der Teilnehmer – Themen der Austauschprojekte und Aktionen.***

Das Programm Jugend	Platz für Stichwörter
Das Programm hat zum Ziel, jungen Menschen den Erwerb von Wissen, Fähigkeiten und Kompetenzen als Grundlage für ihre zukünftige Entwicklung zu ermöglichen und ihre Initiative, Unternehmensgeist und Kreativität zu fördern. Es umfasst zwei große Aktionen.	Initiative
Jugend für Europa fördert den grenzüberschreitenden Austausch junger Menschen zwischen 15 und 25 Jahren und dauert mindestens eine Woche. Die Austauschprojekte müssen ein bestimmtes Thema haben, z. B. Bekämpfung des Rassismus, Kunst, Musik, Drogenbekämpfung, Informationstechniken usw.	Musik
Die Aktion **Europäischer Freiwilligendienst** ist für Jugendliche im Alter von 18 bis 25 Jahren bestimmt, die für mehrere Monate an einer Solidaritätsaktivität in einer „Aufnahmeorganisation" eines anderen Landes teilnehmen möchten. Folgende Bereiche werden abgedeckt: Umwelt, Kunst, Kultur, Arbeit mit Kindern, jungen oder alten Menschen, Kulturerbe, Sport und Freizeit. Die Aufenthalte dauern normalerweise 6 bis 12 Monate. Weitere Informationen finden Sie unter: http://europa.eu.int/comm/education/index_de.html	

19 **a** *Arbeiten Sie zu zweit und erklären Sie Ihrem Partner eine der Aktionen. Fangen Sie so an:*

1 Wenn du an der Aktion „Jugend für Europa" teilnehmen willst, dann ....

2 Während der Aktion musst du dich ....

3 Mehr Informationen bekommst du ....

19 **b** *Machen Sie einen Vorschlag für ein Thema in einem Austauschprojekt.*

19 **c** *Wie könnte eine Solidaritätsaktion mit jungen/alten Menschen / Kindern / im Sport usw. aussehen?*

20 **a** *Elise Luckfiel macht ein „Freiwilliges Soziales Jahr" in Frankreich. Sie wird von einem Journalisten der Zeit interviewt. Worum wird es in dem Interview gehen? Machen Sie sich Stichwörter und kreuzen Sie beim ersten Hören an, ob Sie richtig vermutet haben.*

Vermutungen	Habe ich gehört:	Habe ich nicht gehört:
Taschengeld		

20 **b** *Hören Sie das Interview noch einmal und schreiben Sie die Sätze zu Ende.*

1 Elise findet eine Stelle als Au-Pair nicht gut, weil ....

2 Jetzt kümmert sie sich ....

3 Nur eine Organisation zahlt ...., außerdem.. .

4 Bei der AWO musste sie ....,

und das sogar ....

5 Die Franzosen wundern sich darüber, dass sie ....

....

21 **a** *Welche Eigenschaften sollten die ehrenamtlich Tätigen und die Teilnehmer am Europäischen Freiwilligenprogramm besitzen? Kreuzen Sie an.*

- ☐ aktiv
- ☐ geduldig
- ☐ energisch
- ☐ nervös
- ☐ unfreundlich
- ☐ mutig
- ☐ aufrichtig
- ☐ anständig
- ☐ cholerisch
- ☐ egoistisch
- ☐ streitsüchtig
- ☐ unselbstständig
- ☐ pflichtbewusst
- ☐ kühn
- ☐ umgänglich
- ☐ zerstreut
- ☐ selbstsüchtig
- ☐ feige
- ☐ gesellig
- ☐ mitfühlend
- ☐ ausgeglichen
- ☐ vielseitig
- ☐ verantwortungsbewusst
- ☐ taktvoll
- ☐ tolerant
- ☐ hilfsbereit
- ☐ unermüdlich
- ☐ diszipliniert
- ☐ engagiert

21 **b** *Suchen Sie fünf Eigenschaften heraus, die eine ehrenamtlich tätige Person nicht besitzen sollte. Begründen Sie dies.*

Beispiel: Wenn man cholerisch ist, schreit man schnell und man verschreckt die Leute, anstatt ihnen zu helfen.

21 **c** *Charakterisieren Sie eine Person, die in einer Hilfsorganisation ehrenamtlich tätig ist. Vielleicht finden Sie eine solche Person in Ihrer nächsten Umgebung. Begründen Sie Ihre Wahl und benutzen Sie bei Ihrer Beschreibung die Adjektive aus Aufgabe 21a.*

Beispiel: Ich kenne Frau .... Jeden Tag geht sie für zwei Stunden .... und .... Sie ist immer sehr ....

22 **a** *Hören Sie die Aussagen von zwei Personen, die als Helfer tätig waren. Ergänzen Sie den Raster.*

Wer:	Nationalität:	Beruf:	Geleistete Hilfe:	Wo:

22 **b** *Wie könnten auch Sie sich engagieren?*

Beispiel: Ich könnte bei allen Freunden und Bekannten alte Brillen sammeln.

23 **a** *„Sollte man sich in einer Hilfsorganisation engagieren?" Schreiben Sie ein Pro- oder Contra-Argument groß und deutlich in Druckbuchstaben auf einen Zettel. Die Zettel werden eingesammelt und jeder zieht ein Argument. Versetzen Sie sich in Ihre Rolle, sammeln Sie Stichpunkte zu Ihrem Argument und bilden Sie dann zwei Gruppen: Pro und Contra. Ein gewählter Diskussionsleiter eröffnet nun die Diskussion.*

Mögliche Argumente:

1. Mitglied werden heißt, konkrete Hilfe zu leisten, z. B. bei ....
2. Andere sollen auch wissen, dass wir diese Anliegen unterstützen.
3. Ich kann Geld spenden, das ist wichtig. Ich kann damit einzelne Projekte im Rahmen einer Organisation unterstützen.
4. Sollen doch erst einmal die Millionäre was abgeben!
5. Den Lebensstil ändern? Ich als einzelner? Wenn nicht alle mitmachen, bringt das sowieso nichts.
6. In ein paar Jahren ist die Welt sowieso kaputt. Man sieht ja jetzt schon, dass ....
7. Man kann doch etwas bewirken. Auch als Schülerin und Schüler kann man Politiker in die Schule einladen, Protestbriefe schreiben, Petitionen unterzeichnen, Demonstrationen organisieren, Leserbriefe an die Zeitung schicken.
8. Man kann ja doch nichts ändern. Die Politiker machen sowieso, was sie wollen.

23 **b** *Schreiben Sie jetzt einen Aufruf zu einer Hilfsaktion, bei der möglichst viele Menschen teilnehmen sollen.*

Aufruf

Noch ein .... in ....
Wir wollen ....
Wir brauchen ....
Kommen Sie am .... und ....
Das Organisationskomitee ....

D Mit Sprache spielen

24 **a** *Seien Sie kreativ. Zeichnen Sie Bildwörter zum Thema Hilfe oder Helfer.*

Beispiel:

24 **b** *Das Jugendrotkreuz hat einen Leitspruch. Wie heißt er? Die fehlenden Buchstaben ergeben die Antwort.*

				K	I		D	E	R	S	I	C	H	T									
							R	N	S	T		N	E	H	M	E	N						
					Z		K	U	N	F	T												
	C	H	A	N	C																		
V	E	R	A	N	T		O	R	T	U	N	G											
		M	I	T	R		D	E	N														
							L	E	I	C	H	B	E	R	E	C	H	T	I	G	U	N	G
		L	E	R	N		N																
							E	M	E	I	N	S	A	M									
			L	E	B		N	D	I	G													
			M	A	C		T																
					T		I	L	H	A	B	E											
							A		K	L	A	R											

25 *A-B-C-Memo zu den Hilfsorganisationen*

Aktion Sorgenkind
Ärzte ohne Grenzen
Bergwacht
Caritasverband
Diakonisches Werk
Erste Hilfe
Freiwilligendienst
Genf (Herr Dunant)
Hilfsgüter
Ich kann helfen
Johanniter-Unfallhilfe
Katastrophenhilfe
Landesverband des DRK
Malteser
Notlage
Obdachlose
Patenschaft
Querschnittsgelähmter
Rotes Kreuz
Soziale Dienste
Therapie
Unfallhilfe
Versorgung
Wohlfahrtsverband
Zivildienst

Spielregel:

1. Die Begriffe werden unter den Lernenden aufgeteilt. Sie schreiben die Begriffe (und gegebenenfalls noch weitere) in Großbuchstaben auf große Karten und heben den ersten Buchstaben jeweils durch eine andere Farbe hervor. Danach werden die Begriffe alphabetisch geordnet.
2. Der Spielleiter zeigt nun in alphabetischer Reihenfolge jeweils 5–10 Sekunden eine Karte. Die Spieler merken sich möglichst viele Begriffe und notieren sie, nachdem alle Karten gezeigt wurden.
3. Zu zweit ergänzen die Spieler nun gegenseitig die Begriffe, die sie sich gemerkt haben.
4. Wenn der Spielleiter „Stopp" sagt, nennen sie die Anzahl der notierten Begriffe und erklären, wie sie sich diese gemerkt haben.

5. Es werden Gruppen von drei bis vier Personen gebildet. Jeweils ein Spieler aus einer Gruppe tritt in einen Kreis. Der Spielleiter nennt die Begriffe in alphabetischer Reihenfolge. Hat sich ein Spieler den Begriff nicht notiert, so scheidet er aus. Die Gruppe, die zum Schluss noch die meisten Spieler hat, gewinnt.

oder: Der Spielleiter nennt die Begriffe gemischt; sonst wie oben.

E Erste-Hilfe-Koffer

Mit Konflikten umgehen

Blitzlicht

Unter „Blitzlicht" versteht man eine Methode, um zu erkennen, wie die Stimmung in einer Gruppe ist, warum ein Konflikt entstanden ist. Das kann z. B. durch eine kurze Äußerung aller Anwesenden geschehen.

Regel:

1. Die Personen sitzen im Kreis.
2. Einer aus der Runde stellt die Frage: „Wie fühlt ihr euch?" und gibt einen Gegenstand, z. B. einen Apfel, eine Nuss oder eine große Karte an den Nachbarn weiter.
3. Dieser spricht über seine Stimmung (1–2 Sätze) und gibt den Apfel weiter.
4. Wer nichts sagen will, gibt den Apfel wortlos weiter.

Wichtig: Keine Diskussion, kein Kommentar, keine Kritik!

Versicherungssysteme

Einstieg

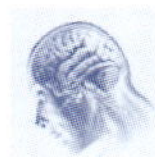

In der Wortschatzkiste finden Sie verschiedene Substantive. Ergänzen Sie jeweils die Artikel und bilden Sie Komposita, die Versicherungsarten bezeichnen.

Leben – Kranke – Hausrat – Arbeitslose – Haftpflicht – Unfall – Pflege – Feuer – Diebstahl

Beispiel:

der Kranke + die Versicherung = die Krankenversicherung
das Leben + die Versicherung = die Lebensversicherung

!

Merke

Nach: -heit, -ing, -ion, -keit, -ling, -schaft, -tät und -ung wird ein -s- eingefügt
Beispiel: Versicherungssystem

Definition

Die Sozialversicherung ist eine öffentlich-rechtliche Pflichtversicherung, die unter staatlicher Aufsicht steht.

Aufgabe der Sozialversicherung ist die gemeinschaftliche Vorsorge gegen Lebensrisiken (z. B. Krankheit, Unfall, Tod des Ernährers) und Beschäftigungsrisiken (z. B. Arbeitslosigkeit, Arbeitsunfälle).

A Soziale Vorsorge

Zweige der Sozialversicherung

Zweige	Gesetzliche Krankenversicherung	Gesetzliche Rentenversicherung	Arbeitslosenversicherung	Gesetzliche Unfallversicherung	Gesetzliche Pflegeversicherung
Träger	**A**llgemeine **O**rts**k**rankenkasse (AOK); Innungs-, Betriebs-, Ersatzkrankenkassen	**L**andes**v**ersicherungs**a**nstalten (LVA), **B**undesversicherungsanstalt **f**ür **A**ngestellte (BfA)	Bundesanstalt für Arbeit	Berufsgenossenschaften und Unfallversicherungskassen von Bund, Ländern, Gemeinden, von Bahn, Post und Telekom	Pflegekassen, die von den Organen der Krankenkasse mitbetreut werden
Versicherungspflichtige	alle *Arbeiter* und *Angestellten*; *Auszubildende*; *Studenten*; *Wehr- und Zivildienstleistende*	alle gegen Entgelt beschäftigten *Arbeiter* und *Angestellten*; *Auszubildende*; in die Handwerksrolle eingetragene *Handwerker*, *Wehr- und Zivildienstleistende* u. a.	u. a. Personen, die gegen *Arbeitsentgelt* oder zu ihrer *Berufsausbildung* beschäftigt sind; *Wehr- und Zivildienstleistende*, die vor Dienstantritt versicherungspflichtig waren	alle gegen Entgelt beschäftigten *Arbeitnehmer*, *Auszubildende* und Lernende während der beruflichen Fortbildung; *Kinder* in Kindergärten; *Schüler* während der Schulzeit; *Studierende* während der Aus- und Fortbildung an Hochschulen u. a. *	alle in der gesetzlichen Krankenversicherung pflichtgemäß und freiwillig Versicherten

info info

***Hinweis**: Arbeitgeber und Arbeitnehmer tragen je die Hälfte der Versicherungsabgabe. Übersteigt das Entgelt 325 € pro Monat nicht (Geringverdienergrenze z. B. für Auszubildende), so ist der Beitrag vom Arbeitgeber allein zu tragen.

1 *Ordnen Sie die folgenden Leistungen den Versicherungen zu:*

A Gesetzliche Rentenversicherung	**B** Arbeitslosen-versicherung	**C** Gesetzliche Krankenversicherung	**D** Gesetzliche Pflegeversicherung	**E** Gesetzliche Unfallversicherung
1 Damit Krankheiten früh erkannt werden können, sollte man sich regelmäßig untersuchen lassen.	**2** Nach einem Unfall fördert sie die berufliche Rehabilitation.	**3** Sie gewährt Winterausfallgeld, wenn man wegen des schlechten Wetters nicht arbeiten kann, z. B. auf dem Bau.	**4** Die Regelaltersrente bekommt man in Deutschland immer noch ab dem 65. Lebensjahr, aber viele hören auch früher auf.	**5** Für die drei Pflegestufen übernimmt sie verschiedene Geldleistungen.
a Sie gewährt Pflegegeld, wenn man nach einem Unfall so verletzt ist, dass man Hilfe braucht.	**b** Sie übernimmt auch die Witwen-, Witwer- und Waisenrente.	**c** Sie gewährt Hilfe bei der Körperpflege, Ernährung, Mobilität u. a. von pflegebedürftigen Menschen.	**d** Um Krankheiten zu verhüten, werden u. a. zahnärztliche Regeluntersuchungen durchgeführt.	**e** Nach einem Jahr Arbeitslosigkeit bekommt man kein Arbeitslosengeld mehr, sondern Arbeitslosenhilfe, also weniger.

A	B	C	D	E

2 *Fallbeispiele: Entscheiden und begründen Sie, welche Versicherung in den folgenden Beispielen die Kosten trägt. Die Redemittel helfen Ihnen.*

Redemittel

Anspruch auf etwas haben – etwas in Anspruch nehmen – berechtigt sein zu – Gebrauch machen von – etwas nutzen

Beispiel: Matthias hat Anspruch auf die gesetzliche Unfallversicherung, weil er als Schüler über die Schule versichert ist. (Wenn seine Eltern für ihn zusätzlich eine Privatversicherung abgeschlossen haben, kann auch die in Anspruch genonmen werden.)

1 Matthias hatte einen Unfall beim Fußballspielen in der Schule.
2 Frau Schnell erwartet ein Kind.
3 Helga ist Friseuse. Sie hat sich bei der Arbeit den Arm verletzt.
4 Frau Alt ist 80 geworden. Sie wohnt zu Hause und braucht Hilfe bei der Körperpflege.

5 Martin hat voriges Jahr seine Stelle verloren, als seine Firma Pleite machte.

6 Peter muss sich am Knie operieren lassen.

7 Frau Alter hat eine schwere Krankheit und muss in einem Altenheim gepflegt werden.

8 Herr Fleißig ist 60 geworden. Er will mit seiner Arbeit aufhören.

3 *Meinungen von jungen Leuten zum Thema „Sozialversicherung". Wer hat das gesagt? Ralf (R), Dieter (D), Sylvia (S), Leoni (L), Svenja (SV) oder Jürgen (J)? Unterstreichen Sie in den Texten den Bezug.*

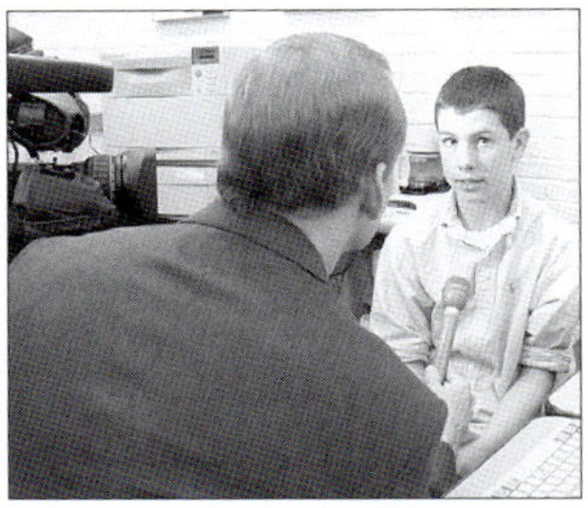

1 Das Versicherungssystem ist total veraltet.

2 Da kenne ich mich nicht sehr gut aus.

3 Eine Lebensversicherung ist so eine Art Sozialversicherung für später.

4 Im Vergleich zu anderen Ländern sind wir gut dran.

5 Das kommt erst später auf mich zu.

6 Ich habe mich noch nicht damit beschäftigt, aber Sozialversicherung muss sein.

Jürgen, 26 Jahre
Damit kenne ich mich nicht so genau aus. Die Sozialversicherung besteht aus Krankenversicherung, Arbeitslosenversicherung, Pflegeversicherung und so.

Svenja, 15 Jahre
Ich kenne mich damit nicht so aus, muss ich aber auch gar nicht in meinem Alter. Ich denke, das kommt erst später auf mich zu.

Ralf, 19 Jahre
Sozialversicherung? Es gibt viele Arten von Sozialversicherung. Wenn ich jetzt z. B. eine Lebensversicherung abschließe, habe ich also so eine Art Sozialversicherung für mich, weil ich dann an die Sicherheit für mein späteres Leben denke.

Dieter, 14 Jahre
Dazu fällt mir nur ein, dass ich da was zu zahlen habe – und zwar nicht gerade wenig. Aber das System ist eigentlich ganz gut. In anderen Ländern gibt es das nicht.

Sylvia, 27 Jahre
Das ist doch ein total veraltetes System, das müsste mal überholt werden. Da zahlt man sein ganzes Leben, und am Ende bekommt man doch keine Rente.

Leonie, 28 Jahre
Die muss sein und hat ihren Zweck, so wie vieles andere auch seinen Sinn hat. Aber ich habe mich noch nicht näher damit befasst.

4 *Projektarbeit. Welche Arten der Sozialversicherung gibt es in Ihrem Land? Wer ist der Träger? Wer ist der Versicherungspflichtige? Wer ist versicherungsberechtigt? Fragen Sie bei Ihrer Versicherung nach und vergleichen Sie dann die beiden Systeme.*

Deutschland	Mein Land

5 *Ergänzen Sie das Gedicht mit den Wörtern aus dem Schüttelkasten.*

Liebe – Gefahr – verliert – vertraglich – Bein – Not – Spaße – Erden – versichert – Summe – Groschen

Versicherung

Unsicher ist´s auf dieser ....
drum will der Mensch versichert werden.
Hat er die Zukunft nicht ....
so wird´s ihm vor ihr unbehaglich.
Das Leben ständig in ....
zahlt er voraus von Jahr zu Jahr.
Dass auch an unverdienter ....
er was verdient, selbst durch den Tod.
Die Krankheit wird schon halb zum ....
weiß man: das zahlt ja doch die Kasse!
Und wär` das Leben jäh erloschen
gäb`s hundert Mark für einen ....
Ja, so ein Bursche spekuliert
dass durch Gesundheit er ....!
Der Teufel aber höhnisch kichert:
„Wie seid ihr gegen mich ....?"
Ja, stellt der Teufel uns ein ....,
springt die Versicherung meist nicht ein.
Der allzu Schlaue wird der Dumme.
Zum Teufel geht die ganze ....
Und wirklich wertbeständig bliebe
auch hier nur: Glaube, Hoffnung, ...!

Eugen Roth

Hier eine Hilfe für die Wörter, die Sie vielleicht nicht kennen:

vertraglich – mit einem Vertrag
unbehaglich – unangenehm
Not – Elend, Armut
das Leben wär` erloschen – *hier*: gestorben
kichern – lachen
höhnisch – böse, ironisch
einspringen – *hier*: für jemanden bezahlen
wertbeständig – *hier*: sicher

6 **a** *Ergänzen Sie die folgenden Informationen mit den Wörtern aus dem Schüttelkasten.*

abzusichern – alle Bevölkerungsgruppen – freiwillig – abschließen – verbessern – vor allen Risiken – private – unterscheiden – unwichtig – allein – ersetzen

Individuelle Privatversicherungen

Die Sozialversicherungen erfassen nicht .... und schützen nicht .... des Lebens. Wer kein Mitglied einer gesetzlichen Versicherung ist oder wem der Versicherungsschutz nicht ausreicht, kann eine Privatversicherung ....

Aufgabe von Privatversicherungen ist es,

– den Versicherungsschutz zu ergänzen und zu .... (z. B. durch eine zusätzliche Altersversicherung);

– für bestimmte Bevölkerungsgruppen die Versicherungen zu.................................. (z. B. durch eine .... Krankenversicherung für nicht Pflichtversicherte);

– gegen Schäden ...., die von der Sozialversicherung nicht getragen werden (z. B. Diebstahlversicherungen).

Von den Pflichtversicherungen .... sich die Individualversicherungen dadurch, dass bis auf wenige Ausnahmen (z. B. Kfz-Haftpflichtversicherung, Gebäude-, Feuerversicherungen) der Beitritt .... ist. Für die Höhe der Beiträge (Versicherungsprämie) ist das Einkommen des Versicherten .... (die Beitragshöhe errechnet sich nur nach Risiko und Leistung).

Die Beiträge werden .... vom Versicherten getragen.

info info

6 **b** *Warum ist es sinnvoll, eine zusätzliche Altersversicherung abzuschließen?*

....

....

....

....

7 a *Wann springt eine Versicherung ein? Ordnen Sie bitte die Versicherungsarten ihren jeweiligen Erläuterungen zu.*

Rechtsschutzversicherung
Betriebliche Versicherung
Hausratversicherung
Haftpflichtversicherung
Private Krankenversicherung

1 Sie deckt Schäden ab, die im Haushalt entstehen können, z. B. Brandschäden, Wasserschäden.

....

2 Nach dem Gesetz haftet jeder unbegrenzt für Schäden, die er anderen zufügt, z. B. wenn er als Fußgänger oder Radfahrer einen Verkehrsunfall verursacht, wenn ein Kind die Scheibe des Nachbarn einschlägt. So haftet ein Hundebesitzer für die Schäden, die entstehen, wenn sein Hund den Briefträger beißt.

....

3 Sie schützt u. a. vor den finanziellen Folgen bei Betriebsunfällen, Unterbrechungen, Personen- und Transportschäden.

....

4 Sie zahlt die Gerichts- und Anwaltskosten im Falle eines Prozesses.

....

5 Sie zahlt für Invalidität oder Tod infolge von Unfällen, die nicht in den Bereich der gesetzlichen Unfallversicherung fallen, z. B. Freizeitunfälle.

....

7 b *Kfz-Haftpflichtversicherung, Gebäudeversicherung und Feuerversicherung sind obligatorisch. Warum?*

7 c *Überzeugen Sie die Mitglieder Ihrer Gruppe davon, dass sie möglichst eine zusätzliche Krankenversicherung abschließen. Die Redemittel helfen Ihnen.*

Redemittel

Eine zusätzliche Versicherung lohnt sich, weil............. – Es ist besser, eine zusätzliche Krankenversicherung abzuschließen, weil............ – Im Falle .... kann .... – Ich bin sicher, dass ...., wenn man .... – Es ist günstiger, ...

7 **d** *Machen Sie je ein Fallbeispiel für mindestens 3 Privatversicherungen.*

Beispiel: Klaus ist mit dem Fahrrad gestürzt und hat sich dabei einen Zahn ausgeschlagen. Da eine Krone in seinem Fall nicht sehr haltbar erscheint, schlägt ihm der Zahnarzt ein Implantat vor. Klaus ist froh, dass er eine private zahnärztliche Zusatzversicherung abgeschlossen hat, denn sonst müsste er die meisten Kosten selbst übernehmen.

LernTipp

Ein guter Hörer ist ein aktiver Hörer. Er bereitet sich vor.

8 ***a*** *Lesen Sie sich die unten stehenden Stichwörter durch. Hören Sie das Gespräch zwischen einem Versicherungsangestellten und einer Praktikantin. Welche Punkte werden im Gespräch angesprochen? Kreuzen Sie an.*

1 Krankenversicherung
2 Unfallversicherung
3 Arbeitslosenversicherung
4 Gepäckversicherung – Pauschale 5 €
5 Krankenversicherung – 1 € pro Tag
6 alle Telefonnummern für Notfälle
7 Arztliste mitnehmen
8 Arztrechnungen aufbewahren
9 polizeiliche Bestätigung bei Diebstahl ausstellen lassen

8 ***b*** *Haben Sie die folgenden Aussagen im Text gehört?*

	Ja	Nein
1 Wenn man ins Ausland fährt, sollte man unbedingt kranken- und unfallversichert sein.		
2 Der Mann macht eine Urlaubsreise durch Europa.		
3 Der Mann glaubt, dass die Versicherung des Gepäcks nicht notwendig ist.		
4 Er schließt eine Kranken- und Unfallversicherung ab.		
5 Schüler und Studenten haben eine Ermäßigung.		
6 Im Notfall muss man die auf der Versicherungspolice angegebene Nummer anrufen.		
7 Man muss die Arztrechnungen aufbewahren.		
8 Die Gepäckversicherung zahlt, wenn man eine Bestätigung der Polizei vorlegt.		

B Gesetzliche Pflegeversicherung am Beispiel alter Menschen

Auszüge aus dem Prospekt der AOK-Krankenkasse
(die soziale Pflegeversicherung)

Die Leistungen der Pflegeversicherung

A Häusliche Krankenpflege

Zur häuslichen Grundpflege gehören u. a. die Körperpflege und die Ernährung; zur hauswirtschaftlichen Versorgung das Einkaufen, Kochen, Waschen und Putzen.

B Pflegekurse

Für die ehrenamtliche Pflege bieten wir kostenlose Pflegekurse an.

C Pflegehilfsmittel

Wir kommen für alle Hilfsmittel, die zur Erleichterung der Pflege oder zur Linderung der Beschwerden des Pflegebedürftigen beitragen, auf. Dazu gehört z. B. ein Pflegebett.

D Kurzzeitpflege

Kann die häusliche Pflege nicht in ausreichendem Umfang sichergestellt werden, tragen wir die Kosten für die vorübergehende Unterbringung in zugelassenen Kurzpflegeheimen.

E Extra-Zuschüsse

werden gewährt, wenn das Wohnumfeld verändert werden muss, um die Pflege zu Hause zu ermöglichen. Dazu gehört z. B. der Bau einer Rollstuhlrampe.

D Pflegegeld

Wird die häusliche Pflege komplett von einem Angehörigen und nicht von einem ambulanten Pflegedienst oder von einer Sozialstation erbracht, zahlen wir ein Pflegegeld.

9 **a** *Welche Leistungen der Pflegeversicherung können die Personen in Anspruch nehmen? Diskutieren Sie in kleinen Gruppen und ordnen Sie zu.*

1 Frau Müller hat keine Familie. Sie wurde voriges Jahr 70 und wohnt im dritten Stock ohne Fahrstuhl. Sie benötigt Hilfe beim Einkaufen und bei schweren Arbeiten im Haushalt.

2 Herr Dickmann ist gelähmt. Er hat einen Sohn, der ihn jedoch nicht fachgerecht betreuen kann. Er muss das erst lernen. Außerdem braucht Herr Dickmann ein spezielles Bett und einen Rollstuhl.

3 Matthias hatte einen Autounfall. Seitdem ist er Rollstuhlfahrer. Er wohnt in einem Wohnblock im ersten Stock und kann seine Wohnung nur über eine Treppe erreichen. Deswegen kann er die Wohnung allein nicht verlassen. Die Umbaukosten kann er nicht tragen.

4 Frau Krause war nach einem Unfall lange im Krankenhaus. Die Mitglieder ihrer Familie arbeiten oder gehen noch zur Schule und sind nur nachmittags zu Hause. Sie braucht jemanden, der sie vormittags betreut.

5 Herr Schneider ist 93 und unheilbar krank. Er braucht ständig medizinische Betreuung und Hilfe bei alltäglichen Tätigkeiten. Seine 70-jährige Tochter kann ihm nicht helfen.

1	2	3	4	5

Beispiel: Frau Müller ist sozialversichert, hat also Anspruch auf die Pflegeversicherung. Für sie ist die Leistung „Häusliche Pflege" am besten. Ein Pflegedienst kann für sie einkaufen und ihr bei schweren Arbeiten im Haushalt helfen, wie z. B. Waschen oder Teppiche klopfen.

9

b *Versetzen Sie sich in die Rolle der oben genannten Personen und schreiben Sie einen kurzen Brief an die Versicherung. Beschreiben Sie Ihren Fall und bitten Sie um Unterstützung aus den jeweiligen Leistungen. (Zur Briefform siehe bitte Vorlektion, Aufgaben 5 und 6.)*

10

Damit Sie die langen Wörter besser verstehen und auch beim Lesen wieder erkennen, hier ein Komposita-Rätsel. Wir haben die Wörter klein geschrieben und das Fugen -s weggelassen. Wer setzt am schnellsten die meisten Wörter zusammen?

angebot – bedürftigkeit – gesundheit (2x) – impf – körper – pflege (2x) – schutz – untersuchung – programm (2x) – vorsorge (2x)

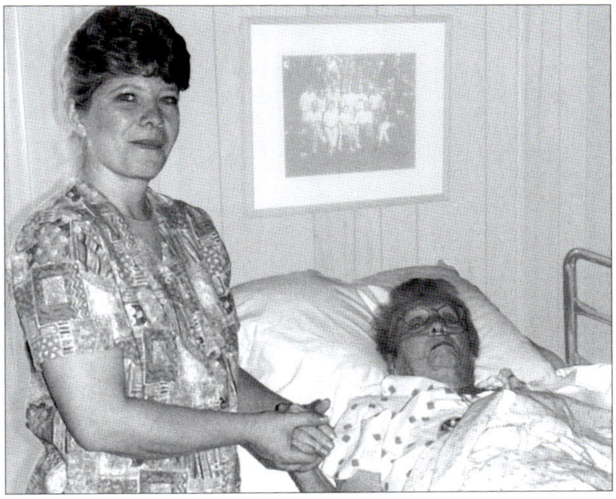

Wer pflegebedürftig ist und welche Pflegestufe in Frage kommt, prüft der medizinische Dienst der Krankenversicherungen.

11 **a** *Ordnen Sie die Pflegestufen ihren Beschreibungen zu.*

Stufe I:	Hierzu gehören jene, die bei der Körperpflege, der Ernährung oder der Beweglichkeit für wenigstens zwei Verrichtungen aus einem oder mehreren Bereichen mindestens einmal täglich der Hilfe bedürfen und zusätzlich mehrfach in der Woche Hilfe bei der hauswirtschaftlichen Versorgung benötigen (mindestens 1,5 Stunden pro Tag).
Stufe II:	Zu dieser Gruppe zählen Menschen, die bei der Körperpflege, der Ernährung oder der Mobilität mindestens dreimal täglich zu verschiedenen Tageszeiten der Hilfe bedürfen und zusätzlich mehrfach in der Woche Hilfe bei der hauswirtschaftlichen Versorgung benötigen (mindestens 3 Stunden pro Tag).
Stufe III:	Hierzu gehören Personen, die bei der Körperpflege, der Ernährung oder der Mobilität täglich rund um die Uhr, auch nachts, Hilfe brauchen und zusätzlich mehrfach in der Woche Hilfe bei der hauswirtschaftlichen Versorgung benötigen (mindestens 5 Stunden pro Tag).

Schwerpflegebedürftigkeit – erhebliche Pflegedürftigkeit – Schwerstpflegebedürftigkeit

11 ***b*** *Unterstreichen Sie nun in den Beschreibungen die Wörter, die Ihnen geholfen haben, und tragen Sie diese dann in die Tabelle ein.*

Stufe I		
Stufe II	*mindestens dreimal täglich*	*3 Stunden amTag*
Stufe III		

C Vorsorge – Gesundheitsangebote und Maßnahmen

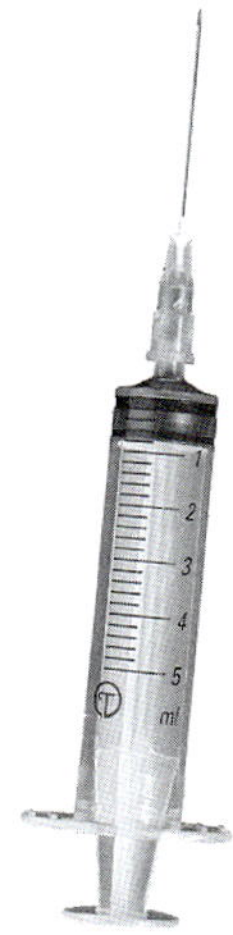

12 *Sie haben sicher schon von Gesundheitsvorsorgemaßnahmen gehört. Erklären Sie folgende Maßnahmen. Die Redemittel helfen Ihnen. Fallen Ihnen noch weitere Maßnahmen ein, um etwas für die Gesundheit zu tun?*

Beispiel: Ein Impfprogramm dient zur Vorbeugung gegen ansteckenden Krankheiten.

Redemittel

... dienen dazu, ... zu ... / dass ... // man soll ... vermeiden // um ... zu ..., soll man / muss man ... // ... hilft bei ... // Die Ärzte empfehlen, ... zu ... // mit Hilfe der ... können ...

~~Impfprogramm~~ – Krebsfrüherkennung – Kuren für Mütter – Rehabilitationskuren, z. B. nach einem Unfall – Gesundheits-Check-up – Kindervorsorgeuntersuchung

13 *Ihre Freunde achten nicht genug auf ihre Gesundheit. Überzeugen Sie sie, etwas für ihre Gesundheit zu tun Überzeugen Sie mit folgenden Redemitteln.*

Redemittel

Du solltest mit ... aufhören, weil ... // Hör besser auf, ... zu ... // Anstatt ... zu ..., solltest du ... // ... schadet deiner Gesundheit / Schönheit / deinem Gehirn ... // Du schadest dir, indem / wenn du ... // Denk mal darüber nach, wie ... ! // Überleg dir, ob / wie du ...

Beispiel: Du schadest deiner Gesundheit, wenn du weiter so viel rauchst. Außerdem bekommst du gelbe Zähne und Finger.

- Ihr Freund raucht schon seit 5 Jahren.
- Ihre Freundin hat 15 Kilo Übergewicht, weil sie zu gerne Süßigkeiten isst.
- Ihr Freund war schon seit 2 Jahren nicht mehr beim Zahnarzt.
- Auf Partys bei Ihren Freunden trinkt man immer zu viel Alkohol.
- Ihre Freundin trinkt täglich mindestens 6 Tassen Kaffee.
- Ihr Freund besucht Technopartys und nimmt Ecstasy.
- Ihre Freundin nimmt bei jeder Kleinigkeit sofort Tabletten.

14 **a** *Sie machen Ihr Praktikum bei der AOK und helfen freitags nachmittags bei der Beratung aus. Das Telefon klingelt die ganze Zeit. Entwickeln Sie zu zweit kleine Gespräche und spielen Sie diese.*

Beispiel: *Frau Mollig*: Guten Tag. Darf ich Sie mal was fragen? Ich habe da Ihren Veranstaltungskalender vor mir. Sie bieten einen Kurs an: „Mollig und fit". Ich bin schon 70. Kann ich da mitmachen?
Praktikant: Aber natürlich, Frau Mollig. Der Kurs ist für alle Altersgruppen und mit 70 müssen Sie doch fit bleiben. Aber Sie müssen sich bald anmelden. Es gibt nur noch 5 Plätze.

Datum	Ort	Thema	Dauer	Gebühr
3.3. – 23.3	Esslingen	Schritt für Schritt zum Wohlfühlgewicht	10 Treffen	kostenfrei
7./8.3.	Esslingen	Ernährung bei Allergien	2 Treffen	30 €
10.3.–30.3.	Esslingen	Rückengymnastik	8 Treffen	32 €
12.3.–9.4.	Plochingen	Nichtrauchertraining	10 Treffen	kostenfrei
15.3.	Esslingen	Stressbewältigung	3 Stunden	kostenfrei
17.3.	Esslingen	Alkoholfreie Partys – Kochschule	2 Stunden	60 €
21./22.3.	Esslingen	Suchterkrankungen	2 Treffen	kostenfrei
24.3., 27.4.	Esslingen	Mollig und fit	10 Treffen	25 €
26./27.3.	Esslingen	Ernährung und Osteoporose	2 Treffen	35 €
28.3.	Esslingen	Risikofaktoren für Herz- und Kreislauferkrankungen	Referat 2 Stunden	kostenfrei

14 **b** *Hier ein Rezept für Ihr „Wohlfühlgewicht".*

Kleine Kartoffeln gut bürsten und waschen, kochen und am besten in der Schale als Pellkartoffeln servieren. Dazu Magerquark mit Mineralwasser anrühren, damit er schön cremig wird.
Den Quark (oder Kefir) mit Knoblauch, Salz, Pfeffer und vielen frischen Kräutern wie Petersilie, Schnittlauch und Dill würzen. Eventuell frischen Kopfsalat, Gurken- oder Tomatensalat dazu servieren.

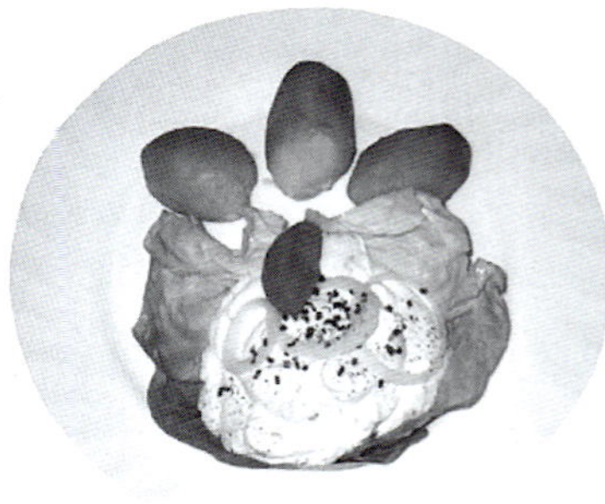

14 **c** *Stellen Sie nun ein Menü zusammen mit höchstens 1000 Kalorien.*

14 **d** *Schlagen Sie Ihren Freunden aus Aufgabe 13 entsprechende Programme aus dem Veranstaltungskalender der AOK vor.*

15 **a** *Sie wissen ja, ein guter Hörer ist ein aktiver Hörer. Er bereitet sich vor. Eine Person interessiert sich für einen der Kurse aus dem Veranstaltungskalender. Lesen Sie das Gespräch und stellen Sie Vermutungen an, welche Fragen sie stellt. Hören Sie dann das Gespräch und ergänzen Sie es. Waren Ihre Vermutungen richtig?*

A ....

B Es tut mir Leid, aber der Kurs ist schon ausgebucht.

A ....

B Ja, ich glaube wieder im April, aber warten Sie nicht zu lange mit der Anmeldung. Es gibt immer viele Interessenten.

A ....

B Am besten, Sie lassen sich auf der Liste eintragen und Sie bezahlen schon die Gebühr.

A ....

B Entweder bei uns oder besser auf unser Konto. Die Kontonummer finden Sie bei jeder Bank in der Umgebung und auch in allen unseren Broschüren.

A ....

B Gern geschehen. Auf Wiederhören.

15 **b** *Führen Sie jetzt zu zweit ähnliche kleine Telefongespräche zu bestimmten Veranstaltungen aus dem Kalender. Fragen Sie,*

– ob noch Plätze frei sind.
– ob sich der Termin auch nicht verändert hat.
– wo genau die Veranstaltung stattfindet.
– bis wann die Gebühr zu entrichten ist und auf welches Konto.
– was man zum Kurs mitbringen soll.
– ob die Kursgebühr zurückerstattet wird, wenn man plötzlich krank wird.

16 **a** *Aus der Broschüre „AOK Baden-Württemberg – die Leistungen Ihrer Gesundheitskasse" haben wir für Sie zwei Texte ausgewählt. Wie könnten die Überschriften heißen?*

Text 1: ....
Auch wenn Sie sich gesund fühlen, sollten Sie regelmäßig zum Gesundheits-Check-up gehen. Sie sollten ihn alle zwei Jahre wahrnehmen. Diese Gesundheitsuntersuchungen können Sie beim Arzt Ihres Vertrauens durchführen lassen. Herz-, Kreislauf- und Nierenerkrankungen sowie Störungen des Stoffwechsels wie z. B. Diabetes können so frühzeitig erkannt und behandelt werden. Das ist Ihr großer Vorteil, denn je früher bei einer Erkrankung die Behandlung beginnt, desto besser sind die Heilungschancen.

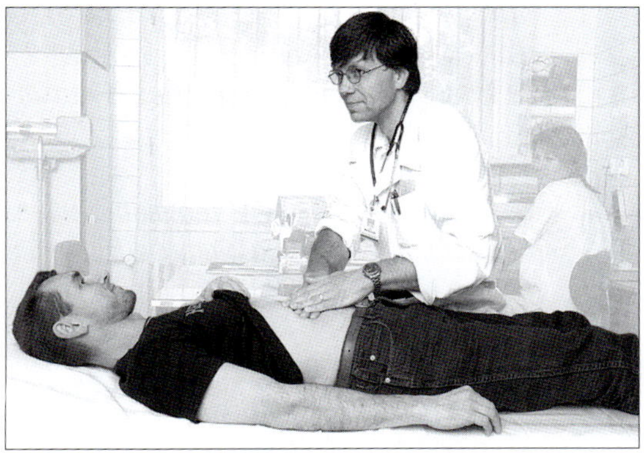

Text 2: ....
Gegen schwerwiegende Krankheiten sollten Sie unbedingt sich und Ihre Familienangehörigen impfen lassen. Wir übernehmen die vollen Kosten für alle öffentlich empfohlenen Schutzimpfungen, wie z. B. gegen Virusinfektionen durch Zeckenbisse, Wundstarrkrampf, Virus-Grippe, Masern, Mumps, Röteln oder Kinderlähmung. Das gilt auch, wenn Sie sich aus beruflichen Gründen im Ausland aufhalten. Sind Schutzimpfungen allerdings wegen eines privaten Auslandsaufenthaltes (z. B. Urlaub) notwendig, können die Kosten dafür nicht übernommen werden.

16 **b** *Eine kleine Zusammenfassung der Texte. Bitte ergänzen Sie die fehlenden Wörter.*

Text 1:
Sie müssen .... zum Gesundheits-Check-up gehen. Mann kann viele Krankheiten .... erkennen. Je .... man die Krankheit erkennt, desto .... kann man sie heilen.

Text 2:
Machen Sie alle öffentlich empfohlenen .... mit, z. B. gegen .... Sie sind .... Sie sind auch kostenlos bei .... Auslandsreisen. Bei .... Reisen müssen Sie die Impfungen selbst bezahlen.

16 **c** *Informieren Sie sich bei Ihrer Krankenkasse über die Gesundheitsvorsorgeprogramme. Lassen Sie sich Prospekte und Informationsmaterial geben. Präsentieren Sie die Programme in der Klasse, natürlich auf Deutsch. Vergleichen Sie dann die Leistungen Ihrer Krankenkasse mit denen der AOK.*

LernTipp

Präsentieren und visualisieren können ist eine wichtige Methodenkompetenz. Machen Sie sich Notizen auf Karteikärtchen. Sprechen Sie frei. Bieten Sie Anschauungsmaterial.

17 **a** *Hören Sie jetzt das Gespräch und beantworten Sie folgende Fragen.*

1 Wofür hat Sven einen Termin beim Arzt?
2 Was macht Sven nach der Blutabnahme?
3 Welche Untersuchungen werden gemacht?
4 Wie ist sein EKG?
5 Warum bekommt er ein Rezept?
6 Warum soll er in zwei Tagen anrufen?

17 **b** *Sammeln Sie jetzt die Informationen über die Vorsorgeuntersuchungen aus dem Gespräch und aus den Texten der Aufgaben 16 a und b und berichten Sie über die Vorsorgeuntersuchungen. Gehen Sie dabei auf folgende Punkte ein:*

1 Bedeutung der Vorsorgeuntersuchungen
2 An wen richten sich Vorsorgeuntersuchungen?
3 Wer führt sie durch?
4 Welche Vorsorgeuntersuchungen gibt es (eine Auswahl)?
5 Wer übernimmt die Kosten?
6 Welche Krankheiten können besser behandelt werden, wenn sie frühzeitig erkannt werden?
7 Fassen Sie kurz ein Ergebnis / einen Tipp / eine Schlussfolgerung zusammen.

17 **c** *Machen Sie eine Liste von Vorsorgeuntersuchungen.*

Krebsvorsorgeuntersuchung ....

....

....

D Mit Sprache spielen

18 *Trennen Sie die Wortschlange.*

Allgemeine Erklärung der Menschenrechte
ALLEMENSCHENSINDFREIUNDGLEICHANWÜRDEUNDRECHTENGEBORENSIESINDMITVERNUNFTUNDGEWISSEN
BEGABTUNDSOLLENEINANDERIMGEISTEDERBRÜDERLICHKEITBEGEGNEN

19 *Bringen Sie die folgenden Wörter in die richtige Reihenfolge.*

Gib – Lehre – satt. – fischen, – hungern. – und er wird – ihn – und er wird – einem Hungernden – einen Fisch, – einen Tag – nie mehr – lang

Chinesische Weisheit

20 *Kennen Sie ähnliche Aussagen oder Erklärungen zum Thema Hilfe, Recht, Versicherung? Machen Sie daraus Textpuzzles nach dem obigen Muster, tauschen Sie sie in der Gruppe aus und diskutieren Sie über Inhalt und Sinn.*

E Erste-Hilfe-Koffer

Dominos, Wort-, Silben- und Buchstabenrätsel

1. Dominos
Methodentraining: Dominos können Sie selbst machen, z. B. zur eigenen Wiederholung, zum Vokabeltraining. Auf diese Weise können Sie die wichtigsten Formen, Komposita, Rektion der Verben u. v. m. lernen, wiederholen und für die anderen vorbereiten.

Beispiel:

untersuchung	Blut
zimmer	Feuer
pass	Blut
druck	Warte
versicherung	Impf

Solche Dominos können Sie auch mit festen Begriffe erstellen, z. B.

abschließen	ein Rezept
messen	eine Versicherung
ausstellen	den Blutdruck

Spielregel: Gruppen mit 2–3 Spielern bilden. Die Dominosteine mischen und verteilen. Im Uhrzeigersinn spielen. Wer zuerst alle Steine ausgelegt hat, hat gewonnen und verstanden, wie Komposita gebildet werden, bzw. welche festen Begriffe zusammengehören.

2. Wort- oder Silbenrätsel

Methodentraining: Auch Wort-, Silben- und Buchstabenrätsel können Sie selber gestalten. Sie helfen Ihnen und Ihren Mitlernern, schwere Wörter zu entdecken und besser zu behalten.

Beispiel: Die Wörter „Vorsorgeuntersuchung", „Pflegeversicherung", „Blutuntersuchung" in

a) Wörter oder **b)** Silben zerschneiden und mischen.

a) blut – vorsorge – pflege – untersuchung – versicherung – untersuchung

b) vor – blut – unter – unter – pfle – sor – ge – ge – su – su – chung – rung – ver – si – che – chung

3. Buchstabenrätsel

Methodentraining: Buchstabenrätsel sind eine gute Methode, gelernte Vokabeln zu wiederholen und zu festigen. Erstellen Sie doch mal selber welche.

Beispiel:

						V	I	R	U	S												
S	C	H	U	T	Z	**I**	M	P	F	U	N	G										
						R	I	S	I	K	O											
U	N	T	E	R	S	**U**	C	H	U	N	G											
				K	A	**S**	S	E														
		P	F	L	E	**G**	E															
						R	E	Z	E	P	T											
				P	R	**I**	V	A	T	E	V	E	R	S	I	C	H	E	R	U	N	G
		H	A	F	T	**P**	F	L	I	C	H	T										
C	H	E	C	K	U	**P**																
					V	**E**	R	S	I	C	H	E	R	U	N	G						

Und wie?

1. Ein Lösungswort für die Vertikale festlegen.
2. Wörter für die Horizontalen suchen und nummerieren.
3. In jedes Kästchen einen Buchstaben, z. B. S – C – H

Variante: Statt mehrere Buchstaben vorzugeben, kann man auch die Wörter definieren und nur wenige Buchstaben zur Hilfestellung angeben.

Beratung und Betreuung in der Arztpraxis

Einstieg

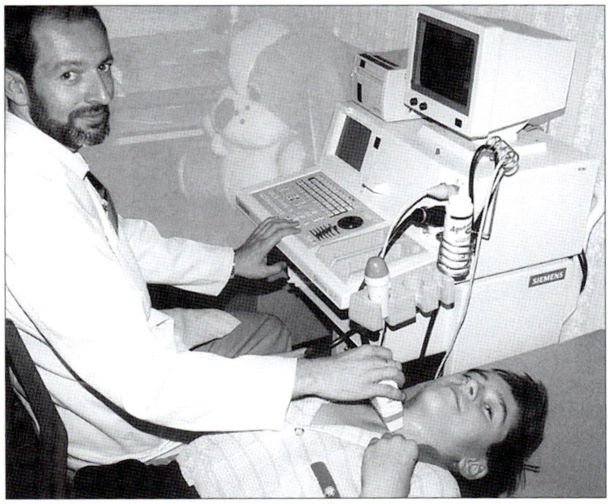

a *Im Kasten sind verschiedene medizinische Berufe aufgelistet. Welche gehören zu den unten genannten Berufsgruppen?*

Arzthelfer/-in
Zahnarzthelfer/-in
Medizinisch-Technische/r Assistent/-in (MTA)
Altenpfleger/-in
Krankenschwester
Kinderkrankenschwester
Masseur/Masseuse
Krankenpfleger
Kinderkrankenpfleger
Krankenpflegehelfer/-in
Krankengymnast/-in
Diätassistent/-in

Gesundheitsberufe

Pflegeberufe	Diagnostisch-technische Berufe	Therapeutisch-rehabilitative Berufe

b *Ordnen Sie die Hauptarbeitsbereiche der Gesundheitsberufe den Fotos zu.*

1
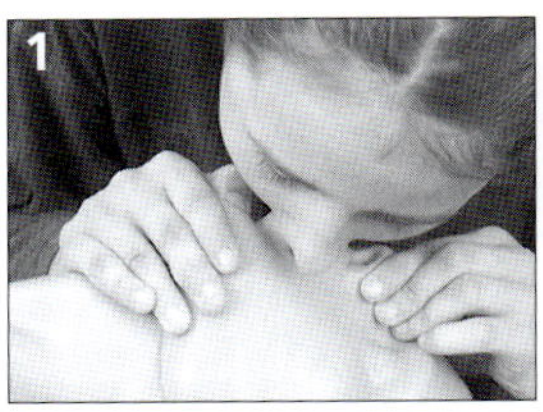

2

3
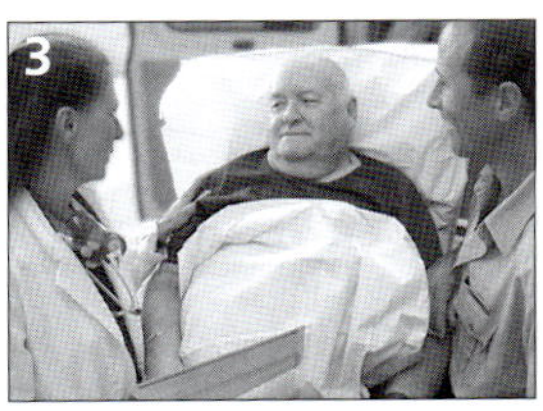

4
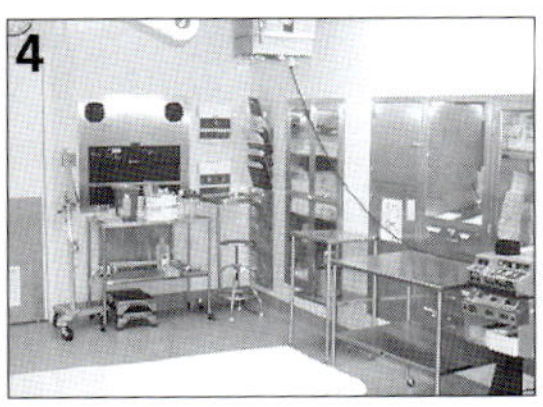

5
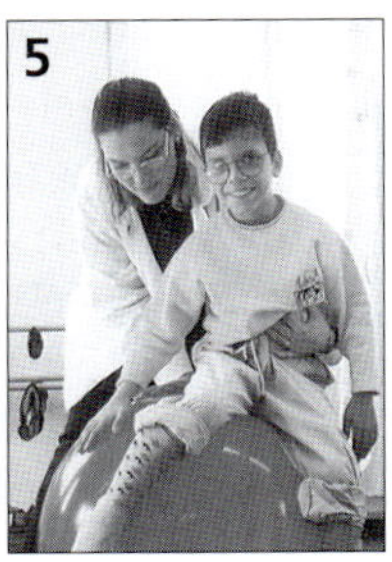

	A Betreuen von Patienten
	B Prävention, Prophylaxe, Rehabilitation
	C Anwenden und Pflegen medizinischer Geräte, Instrumente und Apparate
2	**D** Organisation der Praxisabläufe (Patientendokumentation, Patientenbestellung)
	E Hilfeleistung bei Notfällen

c *Sammeln Sie Nomen, Verben und Wendungen zu den Arbeitsbereichen.*

Beispiel: die Hilfeleistung: helfen, Hilfe leisten, jemandem bei etwas helfen
der Pflegeberuf: die Pflege, der Beruf, pflegen

A In der Arztpraxis

1 **a** *Herr Müller vereinbart telefonisch einen Termin beim Arzt. Bringen Sie die Dialogteile in die richtige Reihenfolge.*

A Können Sie auch vormittags, z. B. am Donnerstag um 10?

B Ja, vor circa drei Jahren.

C Waren Sie schon einmal bei uns?

D Ja, das geht gut. Danke sehr. Also bis nächsten Donnerstag um 10.

E Mein Name ist Müller. Ich möchte einen Termin für eine Vorsorgeuntersuchung.

F Hier Praxis Dr. Lévy, guten Tag!

G Nein, am liebsten wäre mir ein Termin am frühen Nachmittag.

H Ach so, dann haben wir sicher eine Karte von Ihnen. Nächsten Donnerstag, um 16 Uhr, geht das?

I Auf Wiederhören.

J Ich hab's notiert. Auf Wiederhören, Herr Müller.

1	2	3	4	5	6	7	8	9	10
F									

1 **b** *Hören Sie den Dialog von der Kassette und prüfen Sie, ob die Reihenfolge stimmt.*

2 **a** *Herr Müller hat bereits einen Termin. Aber jetzt hat er so große Zahnschmerzen, dass er früher kommen möchte. Schreiben Sie einen Dialog.*

die Schmerzen nicht mehr aushalten können
dringend einen neuen Termin brauchen
keinen freien Termin finden
vielleicht heute
noch einmal nachsehen
doch einen Termin finden
ganz spät
heute um 18.30 Uhr

b *Hören Sie jetzt das Gespräch. Vergleichen Sie.*

c *Spielen Sie solche Telefongespräche in der Klasse.*

Oft rufen Patienten in der Praxis an und bitten um einen Hausbesuch. Lesen Sie die folgenden Tipps für die Arzthelferin und fassen Sie diese stichwortartig zusammen.

1 Fragen Sie zunächst, ob der Patient nicht auch in die Praxis kommen kann.

2 Notieren Sie den Zeitpunkt des Anrufs, den Namen und die Adresse des Patienten.

3 Hat der Arzt den Patienten bisher noch nicht besucht, so lassen Sie sich beschreiben, wie die Wohnung zu finden ist.

4 Bevor Sie einen Besuch fest zusagen, überprüfen Sie den Terminkalender, d. h. überprüfen Sie, ob zu dem genannten Zeitpunkt ein Besuch möglich ist.

5 Handelt es sich um einen sehr dringenden Notfall und Ihr Arzt ist nicht erreichbar, müssen Sie eventuell einen anderen Arzt benachrichtigen.

6 Geben Sie keine unklaren Auskünfte, wie z. B. „Vielleicht kommt der Doktor heute noch."

7 Sie als Arzthelferin können niemals einen Besuch mit der Bemerkung ablehnen, dass er edizinisch nicht notwendig sei. Diese Entscheidung müssen Sie Ihrem Chef überlassen.

Beispiele: – den Patienten fragen, ob er in die Praxis kommen kann
– Zeitpunkt des Anrufs, Namen und Adresse notieren

Sie hören jetzt einen Anruf in einer Arztpraxis. Vergleichen Sie das Gespräch mit den Notizen der Arzthelferin.

Beispiel:

Telefon-Notiz
Anruf von:
Herrn Heinze, Pfauenweg 6, Erdgeschoss, rechte Tür
Grund:
Frau Heinze, 39° Fieber, Schüttelfrost
Besuch nach der Abendsprechstunde, gegen 19 Uhr zugesagt.

a *Sie hören den Anrufbeantworter der Praxis Dr. Höfling.*
Notieren Sie bitte:

Sprechzeiten: ....
gewünschte Angaben des Anrufers: ....

b *Jetzt der Anrufbeantworter von Dr. Höfling für das Wochenende. Notieren Sie bitte:*

Tel. Notfalldienstzentrale: ....

Tel. DRK: ....

c *Sie hören jetzt drei Nachrichten, die die Patienten auf dem Anrufbeantworter hinterlassen haben. Erstellen Sie eine Telefon-Notiz.*

Nachricht 1
Telefon-Notiz
Anruf von:................................
Grund:....................................

Nachricht 2
Telefon-Notiz
Anruf von:................................
Grund:....................................

Nachricht 3
Telefon-Notiz
Anruf von:................................
Grund:....................................

Notfall- und Unfallmeldungen

Sie hören jetzt zwei Notfallmeldungen. Notieren Sie die wichtigsten Informationen.

Wer? ....
Wo? ....
Wann? ....
Wie viel? ....
Welche? ....

Telefonieren

- Wenn Sie den Namen des Gesprächspartners vergessen oder nicht verstanden haben, fragen Sie am Ende nochmal nach!
- Fassen Sie sich kurz!
- Sprechen Sie laut und deutlich!
- Hören Sie gut zu, unterbrechen Sie nicht unnötig!
- Melden Sie sich richtig: zuerst die Praxis, dann Ihr Name und dann die Begrüßung!
- Verlieren Sie nie die Geduld und bleiben Sie immer höflich!
- Schreiben Sie wichtige Sachen sofort auf!
- Sparen Sie nicht mit „bitte" und „danke"!
- Lächeln Sie am Telefon, dann ist Ihre Stimme freundlicher. Sie repräsentieren auch am Telefon Ihre Praxis!

Praxis Dr. Fröhlich, Silke Rieger, Guten Tag!

Die goldene Telefonregel:
Freundlichkeit ist oberstes Gebot!

info

Wählen Sie im Notfall.

Polizei / Notruf

110

Feuerwehr / Rettungsleitstelle

(wenn örtlich nicht anders geregelt)

112

Wer?
Wer meldet?
Name und Standort.

Wo?
Genaue Bezeichnung des Notfallorts, Ort, Straße, Hausnummer, Stockwerk usw.

Was?
Kurze Beschreibung der Notfallsituation.
Die Retungsleitstelle muss erkennen, welche Maßnahmen eingeleitet werden müssen (Rettungshubschrauber, Feuerwehr usw.

Wieviel?
Wieviele Verletzte / Betroffene sind zu versorgen?
Diese Angaben entscheiden über Anzahl der Fahrzeuge und Personal.

Welche?
Welche Verletzungen oder Krankheitszeichen haben die Betroffenen?
Diese Angaben entscheiden darüber, welche Spezialisten (z. B. Notarzt) und welche Fahrzeuge zum Einsatz kommen.

Fragen?
Legen Sie erst auf, wenn das Gespräch von der Leitstelle beenden wurde!
Die Rettungsleitstelle hat möglicherweise Rückfragen.

Buchstabiertafel

A = Anton	I = Ida	R = Richard
Ä = Ärger	J = Julius	S = Samuel
B = Berta	K = Kaufmann	Sch = Schule
C = Cäsar	L = Ludwig	T = Theodor
Ch = Charlotte	M = Martha	U = Ulrich
D = Dora	N = Nordpol	Ü = Übermut
E = Emil	O = Otto	V = Viktor
F = Friedrich	Ö = Ökonom	W = Wilhelm
G = Gustav	P = Paula	X = Xanthippe
H = Heinrich	Q = Quelle	Y = Ypsilon
		Z = Zacharias

info

Buchstabiertafeln sind genormt und müssen gelernt werden.

Gespräche in der Anmeldung

7 *Bei der ersten Anmeldung müssen Sie beim Arzt ein Krankenblatt ausfüllen.*

1 Name, Vorname ....
2 Adresse ....
3 Telefonnummer ....
4 Geburtsdatum ....
5 Größe ....
6 Gewicht ....
7 Blutdruck ....
8 Puls ....
9 Temperatur ....
10 Letztes Mal im Krankenhaus ....
11 Kinderkrankheiten / andere Krankheiten ....
12 Operationen ....
13 Krankheiten in der Familie ....
14 Krankenkassen ....
15 Konfession ....
16 Arbeitgeber ....

8 *Manchmal werden Sie von der Arzthelferin nach den obigen Angaben gefragt. Notieren Sie die Fragen und spielen Sie dann mit Ihrem Partner den Dialog.*

Beispiel: In welcher Krankenkasse sind Sie?

B Umgang mit Patienten

9 *Lesen Sie die Worte von Schopenhauer (Philosoph, 1788–1860):*

„Höflichkeit ist wie ein Luftkissen,
es mag wohl nichts drin sein,
aber es mildert die Stöße des Lebens."

Diese Aussage gilt für alle. Aber welche Bedeutung hat sie in einer Arztpraxis? Wenn Sie die Lücken richtig ausfüllen, sind Sie auf dem besten Weg, Patienten richtig zu behandeln.

1 Der Kranke reagiert .... als der gesunde Mensch.
2 Der Patient erwartet, dass der Arzt .... für ihn hat.
3 Der Patient möchte als .... behandelt werden.
4 Er will so .... werden, wie er ist.
5 Er braucht besonders viel Aufmerksamkeit und ....
6 Man soll den Patienten so ...., wie man selbst als Patient .... werden möchte.
7 Der Patient erwartet ...., Einfühlungsvermögen und Rücksichtnahme.

behandeln – Zeit – Verständnis – empfindlicher – behandelt – Einzelperson – akzeptiert – Taktgefühl

10 **a** *Welche Redemittel könnte man folgenden Mitteilungsabsichten zuordnen?*

Umgang mit Erwachsenen

beruhigen – trösten	erklären – informieren – auf die Untersuchung vorbereiten	beraten
– Ich kann gut verstehen, dass	– Sie müssen die Tropfen dreimal täglich nehmen.	– Es ist besser, wenn ....
–	–	– ....
–	–	– ....
–	–	– ....
–	–	– ....
–	–	– ....

Ja, Kopfschmerzen sind ....
Ich habe auch immer noch Angst, wenn ....
Das geht so: zuerst das Pulver im Wasser auflösen, dann ....
Das ist für ....
Das ist ganz einfach: zuerst machen wir .... (messen wir ....).
Die nehmen Sie bitte ....
Ziehen Sie bitte .... aus.
Ich würde an Ihrer Stelle ....
Das tut gar nicht weh.
Da kann doch nichts passieren.
Am besten trinken Sie ein bisschen Wasser.
Wenn ich Ihnen einen Rat / einen Tipp geben darf ....

10 **b** *Finden Sie Ergänzungen für die Sätze aus Aufgabe 10a.*

....

....

....

10 **c** *Erfinden Sie kleine Szenen in der Arztpraxis und wenden Sie die Redemittel an.*

11 **a** *Lesen Sie jetzt die kurzen Gespräche und ordnen Sie diese den Mitteilungsabsichten trösten – beruhigen – beraten – informieren – erklären zu. Es gibt mehrere Möglichkeiten.*

Komm jetzt. Deine Mutti kann mit reinkommen. Es wird nicht lange dauern. Du musst nur den Mund weit aufmachen. Der Zahnarzt sieht sich dann deine Zähne an.

....

Ich verstehe Ihre Angst vor der Blutabnahme. Aber unsere Ärztin kann das wirklich prima. Sie werden´s sehen.

....

Hat der Arzt Ihnen das schon erklärt?

....

Diese Tabletten sind für den Kreislauf.
Die nehmen Sie am besten immer morgens nach dem Frühstück.

....

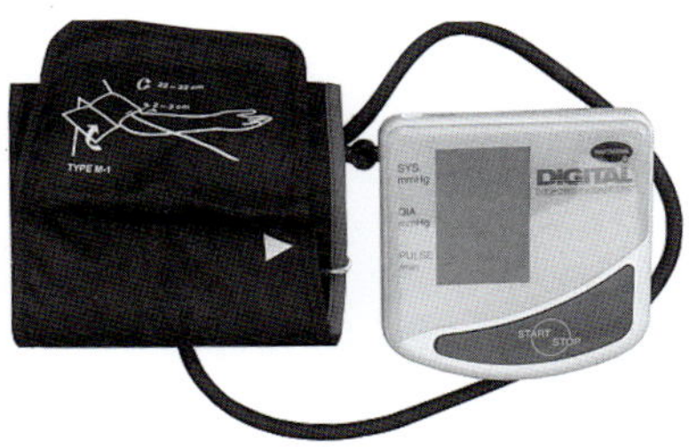

Ja, wir messen schon mal den Blutdruck.

....

Wir haben folgende Sprechzeiten: montags, dienstags, ...

....

Komm, ich mache nur einen kleinen Piekser.

....

Bleib ganz ruhig sitzen. Der Zahnarzt macht nur das Dunkle von deinem Zahn weg.

....

Nun ein schönes Foto von deinen Zähnen, damit der Doktor sieht, wie er dir helfen kann.

....

11 **b** *Suchen Sie nun für jede Situation die entsprechende Frage bzw. Antwort, so dass ein kleiner Dialog entsteht, den Sie dann nachspielen.*

12 *Reagieren Sie freundlicher.*

1	Könnte Herr Dr. Scholz zu mir kommen? Ich kann nicht gehen.	Er ist nicht da.
2	Ich möchte gerne meinen Termin ändern.	Es gibt keinen anderen Termin.
3	Guten Tag! (älterer Herr)	Na Opa. Was wollen Sie denn?
4	Ich warte jetzt schon seit zehn Minuten.	Ich darf ja wohl auch mal Kaffeepause machen.
5	Das Kind hat solche Angst.	Deshalb braucht es doch nicht so laut zu schreien.
6	Können Sie mir erklären, wie ich das Medikament einnehmen soll?	Können Sie nicht lesen?

Und Sie?

1 ....

2 ....

3 ....

4 ....

5 ....

6 ....

C Mit Sprache spielen

Quartettspiel

Spielregel:
Jedes Quartett hat vier unterschiedliche Karten zu einem Thema, z. B. Rezepte, die Sie sammeln und ablegen müssen. Gewinner ist, wer die meisten Quartette ablegt. Die Karten werden gemischt und verteilt. Lassen Sie sich nicht in die Karten gucken! Spieler 1 fragt nach einer Karte, die zu seinem gewünschten Quartett passt. Karten zum Herunterladen finden Sie unter www.fraus.com

Beispiel: Er hat aus dem Quartett „Rezepte" die Karte mit der Frage:
„Wie oft soll ich das Pulver einnehmen?".
Er möchte die Karten:
- die Tropfen,
- die Tabletten,
- die Salbe.

Er richtet sich an einen Mitspieler 2 und formuliert seine Frage sinnentsprechend um: „Wie oft soll ich die Tropfen nehmen?", „.........?", „.........?". Wenn der Mitspieler 2 die gewünschte Karte hat, liest dieser die Antwort vor, hier z. B.: „Dreimal pro Tag 10 Tropfen mit einem Stück Zucker." und gibt die Karte ab. Spieler 1, der die Karte bekommen hat, stellt erneut einem seiner Mitspieler eine Frage. Wenn Mitspieler 2 die gewünschte Karte nicht hat, antwortet er: „Zu viel Medikamente sind nicht gut." Und nun ist er an der Reihe.

Rezepte

Wie oft soll ich ***das Pulver einnehmen?***

- die Tropfen nehmen
- die Tabletten nehmen
- die Salbe auftragen

\+ Jeweils vor den Mahlzeiten, in Wasser auflösen.
– Zu viel Medikamente sind nicht gut.

D Kommunikation in der Kunst

Viele Künstler versuchen, in ihren Werken die Ausdrucksform innerer Befindlichkeit eines Menschen darzustellen. Ernst Barlach (1870–1938) ist dies gelungen. Er besuchte die Gewerbeschule in Hamburg, dann studierte er an der Dresdner Kunstakademie. Sein künstlerisches Credo war, das wiederzugeben, was „das Wirkliche und Wahrhaftige ist, das ich erst aus dem, was ich vor mir sehe, heraussuchen muss." Berthold Brecht bezeichnete Barlach als einen der größten Bildhauer in Deutschland.

13 **a** *Sehen Sie sich die Fotos von drei Barlach-Werken an. Was empfinden Sie? Geben Sie den Werken einen Titel.*

....

13 **b** *Wählen Sie ein Werk aus und beschreiben Sie, welche Gefühle ausgedrückt werden.*

....

E Erste-Hilfe-Koffer

Nonverbale Kommunikation

Unter nonverbaler Kommunikation versteht man auch die „Botschaften", die ein Mensch durch Körperhaltung, Kleidung, Mimik und Gestik übermittelt.

14 *Die Körperhaltung dieser Frau drückt verschiedene emotionale Zustände aus. Ordnen Sie die passenden Adjektive zu.*

☐ A

☐ B

☐ C

☐ D

1 unsicher, schüchtern, bescheiden, traurig

2 zweifelnd, fragend, resignierend

3 erstaunt, dominant, herausfordernd, forsch

4 selbstzufrieden, selbstsicher, von sich überzeugt

15 **a** *Was signalisiert die Arzthelferin, wenn sie ...*

A ... in der Anmeldung hin und her läuft.

Beispiel:
Sie signalisiert: Lassen Sie mich in Ruhe. Ich habe keine Zeit.

B ... an der Rezeption nervös mit den Fingern trommelt, während sie mit einem Patienten einen Termin vereinbart.
Sie signalisiert: ....

C ... sich einem Patienten zuwendet, ihn bei der Terminabsprache anschaut und dabei freundlich lächelt.
Sie signalisiert: ....

15 **b** *Welche Signale sendet der Patient, wenn ...*

A ... er eine gebeugte Körperhaltung hat. Er signalisiert: ....

B ... er mit zitternder, unruhiger Stimme nach dem Arzt fragt. Er signalisiert: ....

C ... er ungeduldig auf seine Uhr schaut. Er signalisiert: ....

15 **c** *Beschreiben Sie nun die Signale.*

Beispiel: Wenn die Arzthelferin hin und her läuft, signalisiert sie, dass sie keine Zeit hat. oder: Eine gebeugte Körperhaltung bedeutet, dass der Patient Schmerzen hat.

Kommunikation in Arztpraxen und im Krankenhaus

Einstieg

anlegen – verhindern – aufnehmen – schreiben – aufrufen – vereinbaren – organisieren – führen – **ausstellen** – fragen

a *Was gehört zu den Aufgaben der Arzthelferin? Sie finden in der Wortschatzkiste die Verben. Bitte ergänzen Sie.*

1 nach Beschwerden ....
2 Arbeitsabläufe in der Praxis ....
3 Telefongespräche ....
4 Termine ....
5 Patientenkarten ....
6 Briefe und andere Dokumente ....
7 Daten der Patienten ....
8 Störungen bei der Untersuchung ....
9 Patienten ....
10 Rechnungen **ausstellen**

b *Eine Arzthelferin erzählt. Üben Sie zu zweit und lesen Sie sich gegenseitig den Bericht der Arzthelferin vor. Korrigieren Sie Aussprache – und Intonationsfehler.*

„War mal wieder viel los heute in der Praxis! Als wir um 8 Uhr aufmachten, standen wie immer schon viele Patienten vor der Tür. Da musste ich erst einmal klären, wer schon einen Termin hatte und wer nicht. Die müssen nämlich in verschiedene Wartezimmer geschickt werden. Dann mussten die Patienten, die zur Bestrahlung, zum Verbandwechsel, zur Spritze oder zu Laboruntersuchungen kommen, in die verschiedenen Zimmer begleitet werden. Zwischendurch klingelte dauernd das Telefon, die einen wollten noch einen Termin für heute. Unmöglich! Wie soll der Doktor das schaffen? Dann die, die nicht kommen können, weil sie zu krank sind und um einen Hausbesuch bitten. Die wollen auch immer mit dem Doktor persönlich sprechen. Aber der darf doch nicht gestört werden. Da muss ich ganz schön diplomatisch sein, nach den Beschwerden fragen, im Terminkalender der Hausbesuche nachsehen und sie vertrösten. Dem Doktor muss ich aufschreiben, wo sie genau wohnen, z. B. Erdgeschoss, zweite Türe links. Gott sei Dank hatten wir heute keinen Notfall; so musste ich den Doktor nicht stören. Für alle, die angemeldet sind, hatte ich gestern Abend noch die Patientenkarteikarten rausgesucht. Wir arbeiten nämlich sowohl mit Karteikarten als auch mit dem Computer. Aber die Patienten, die noch nie bei uns waren! Da musste ich die Daten aufnehmen. Manchmal vergessen sie ihre Chipkarte, also ihre Versichertenkarte, da muss ich dann nach allem fragen: Adresse, Telefonnummer, Beruf, Krankenkasse. Das ist gar nicht einfach, wenn die Praxis so voll ist, denn eigentlich sind die Daten ja geschützt. Bis ich mir einen Kaffee machen kann, ist es ganz schnell 11 Uhr!"

A Verwaltungstechnische Abläufe

1 *Welche Schriftstücke und Dokumente betreffen den Patienten? Schreiben Sie diese aus der Wortschatzkiste heraus.*

Patientenkarte – Urlaubsschein – Abiturzeugnis – Überweisungsschein – Rezept – Befund – Heiratsurkunde – Chipkarte* (Versichertenkarte) – Aufenthaltsgenehmigung – Einzahlungsformular – Quittung – Abrechnungsschein – Arztbrief – Arbeitsunfähigkeitsbescheinigung – stationäre Einweisung

*beide Begriffe sind möglich, gängiger ist jedoch Chipkarte

2 *Lesen Sie die Erklärungen und ergänzen Sie die Begriffe.*

1 Hier werden sämtliche Patienteninformationen systematisch festgehalten und sind jederzeit abrufbar. Da die meisten Praxen über einen PC verfügen, wird sie elektronisch geführt und ergänzt. ....

2 Dieser Schein wird vom Arzt ausgestellt, wenn er den Patienten ins Krankenhaus einweist. Er enthält die wichtigsten Informationen über den Patienten. ....

3 Der Arzt füllt ihn aus, wenn der Patient wegen einer Krankheit arbeitsunfähig ist. ....

4 Darauf steht das vom Arzt verschriebene Arzneimittel. ....

5 Das ist die Rechnung, die der Arzt der Krankenkasse vorlegt. ....

6 Der Arzt füllt ihn aus, wenn der Patient von einem Facharzt weiter behandelt werden soll. ....

3 *Lesen Sie den Dialog mit verteilten Rollen.*

A Guten Morgen.

P Guten Morgen, mein Name ist Schmidt.
Ich habe einen Termin für 9 Uhr.

A Waren Sie schon mal bei uns?

P Nein, ich bin zum ersten Mal hier.

A In welcher Krankenkasse sind Sie?

P In der AOK.

A Geben Sie mir bitte Ihre Chipkarte.

P Hier, bitte schön.

A Danke, einen kleinen Moment. Schmidt, Harald. Stimmt Ihre Adresse noch?

P Ja, wenn da steht: Nelkenweg 2, 31785 Hameln. Brauchen Sie auch meine Telefonnummer?

A Ja. Hier steht: 05151-88842. Richtig so? Und Sie sind am 07.05.1973 geboren?

P Ja.

A Vielen Dank, Herr Schmidt. Nehmen Sie bitte einen Moment Platz. Ich rufe Sie dann auf.

4 *Übertragen Sie die Daten in die Patientenkartei. Die Adresse gehört in das obere rechte Kästchen.*

		a	b	c	d	e	f	g	h	i	j	k	l	m	n	o	p	q	r	s	sch	st	t	u	v	w	xyz	

AOK	LKK	BKK	IKK	VdAK	AEV	Knappschaft

Name, Vorname des Versicherten

geb. am

Kassen-Nr.	Versicherten-Nr.	Status

Vertragsarzt-Nr.	VK gültig bis	Datum

original-ratiomatic-karteikarte · forschner ärztebedarf · 78549 spaichingen Bestell-Nr. 16 501

5 **a** *Lesen Sie bitte das Gespräch in der Anmeldung und setzen Sie die richtigen Wörter ein.*

Patient: Guten Tag!

Arzthelferin: Guten Tag, was kann ich für Sie tun?

P Ich muss dringend zum Doktor.

A Was haben Sie denn für akute ....?

P Ich habe ....

A Waren Sie schon mal bei uns?

P Nein, noch nicht.

A Dann nehmen Sie bitte mal Platz. Haben Sie Ihre .... dabei?

P Oh, die habe ich vergessen.

A Dann bringen Sie sie das nächste Mal aber mit, weil wir sie dringend brauchen. Ich gebe Ihnen ein Blatt, und Sie schreiben mir bitte schon Ihren Namen, Vornamen, Adresse, Geburtsdatum, ... und .... auf. Ich gebe gleich die .... in den Computer ein und drucke Ihre .... aus.

P Komme ich dann gleich dran?

A Ich will mal sehen, ob ich Sie vorziehen kann. Gehen Sie bitte mal in .... drei. Ich sage Frau Doktor Bescheid. Sie wird sich gleich um Sie kümmern.

P Ach, da bin ich Ihnen aber dankbar.

Ischias – Krankenkasse – Beschwerden – Daten – Behandlungszimmer – Arbeitgeber – Karteikarte – Patientenchipkarte

5 **b** *Hören Sie jetzt das Gespräch und prüfen Sie, ob alles richtig war.*

6 *Spielen Sie ein Gespräch zwischen Arzthelferin und Patient. Stellen Sie Fragen, um die nötigen Informationen zu bekommen.*

7 *Sie machen ein Berufspraktikum beim Bethesda Krankenhaus in Bochum. Sie haben die Aufgabe, den Patientenaufnahmebogen für eine Unfallpatientin auszufüllen. Im Ausweis der Patientin stehen folgende Daten:*

Baumeister, Ina, geb. Hirschmann, verheiratet
geb. am 09. 07. 1976 in Ludwigshafen
wohnhaft: 47805 Krefeld, Blumenstraße 24, Tel: 02151/58693
Nationalität: deutsch
Arbeitgeber: Siemens AG / Verwaltungsangestellte
Krankenkasse: AOK (Gesundheitskasse)
Hausarzt: Dr. Helmut Knauss, Finkenweg 6, 47805 Krefeld
Ehemann: Udo Baumeister

Station

Aufnahmebogen

Den Aufnahmebogen füllt normalweise das Personal in der Aufnahme aus. Wenn der Patient aber nachts oder am Wochenende kommt, macht dies das Krankenpflegepersonal.

1 **Familienname des Patienten** **Vorname**

2 **Geburtsdatum** **Geburtsort** **Geburtsname**

Der Geburtsname ist der Name einer Person vor ihrer Heirat.

3 **Postleitzahl** **Wohnort** **Straße und Hausnummer**

4 **Familienstand** (LD = ledig, VH = verheiratet, VW = verwitwet, GS = geschieden) **Konfession** (rk = römisch-katholisch, ev = evangelisch, an = andere)

Nationalität **Geschlecht** (m = männlich, w = weiblich)

5 **Verlegung von Krankenhaus** Dies muss man ausfüllen, wenn der Patient aus einem anderen Krankenhaus kommt.

einweisender Arzt Der einweisende Arzt ist der Arzt, der den Patienten in die Klinik schickt / einweist.

6 **Hausarzt (Adresse)** Der Hausarzt ist der Arzt, zu dem der Patient normalweise geht.

7 **Beruf** **Arbeitgeber**

8 **Name und Telefonnummer von Angehörigen** Angehörige sind Familienmitglieder oder nahe Freunde des Patienten.

Anmerkung: Die Konfessionszugehörigkeit wird nicht immer verlangt.

8 *Sie müssen als Arzthelferin Briefe des Arztes nach Diktat schreiben können. Arbeiten Sie zu zweit und diktieren Sie sich gegenseitig Teile des folgenden Arztbriefes.*

Dr. med. Rainer Medicus
Internist
Kastanienwall 14
31785 Hameln

Herrn Dr. med. Peter Krause
Arzt für Allgemeinmedizin
Am Bahnhof 4
31785 Hameln

23. 12. 200...

Sehr geehrter Herr Krause,

besten Dank für die freundliche Überweisung Ihres Patienten Harald Schmidt, geboren am 07. 05. 1973, den ich am 22. 12. 200... untersucht habe.
Herr Schmidt klagte über rechtsseitige Oberbauchbeschwerden und Völlegefühl. Die Beschwerden waren nach einer fettreichen Mahlzeit und Alkoholgenuss aufgetreten.

Bei der Untersuchung war der Patient in gutem Allgemeinzustand. Lokal war die Leber wegen Beschwerden nicht tastbar, es fand sich ein umschriebener Druckschmerz unter dem rechten Rippenbogen mit Ausstrahlung auf das Epigastrium.
Labor: A. P. 210 U/L, G-G-T 32 U/L.
Die übrigen Laborwerte waren normal.
Sonografie: Druckdolente Gallenblase mit ca 1 cm großen Konkrementen mit Schallauslösungsphänomenen. Die Gallenwegen waren frei, das Pankreas unauffällig.

Ich habe Herrn Schmidt Buscopan plus rezeptiert und ihn angewiesen, sich bei Ihnen morgen wieder vorzustellen. Außerdem sollte Herr Schmidt eine fettarme Diät einhalten und Alkohol vermeiden. Bei erneutem Auftreten von Beschwerden ist die Cholezystektomie anzuraten.

Mit freundlichen kollegialen Grüßen

Dr. med. Medicus

Anlagen: 2 Sonografiebilder
(210 U/L = 210 Units pro Liter)

9 *Tragen Sie in den Überweisungs-/Abrechnungsschein die Informationen ein, die Sie dem Brief entnehmen können.*

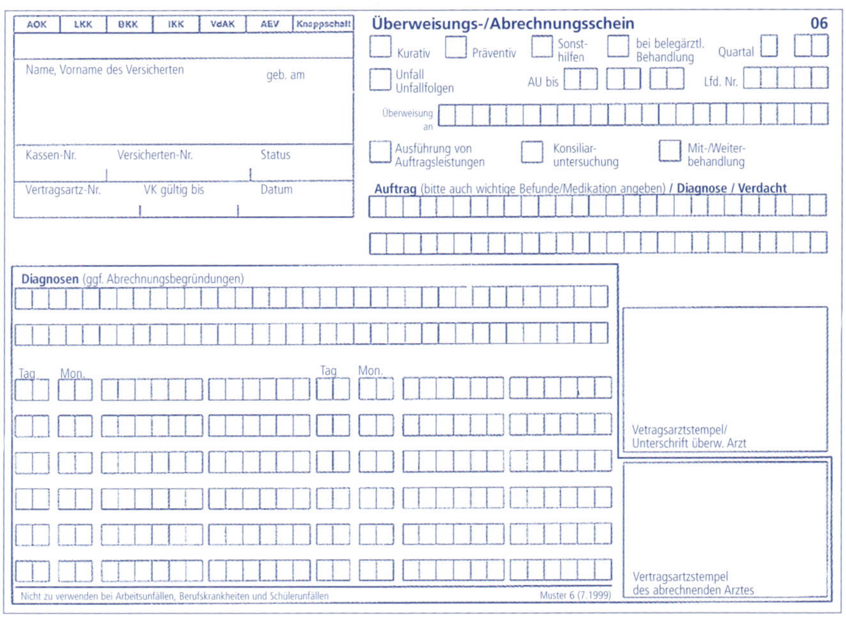
AOK | LKK | BKK | IKK | VdAK | AEV | Knappschaft

Überweisungs-/Abrechnungsschein 06

Kurativ – Präventiv – Sonst-hilfen – bei belegärztl. Behandlung – Quartal

Unfall Unfallfolgen – AU bis – lfd. Nr.

Name, Vorname des Versicherten – geb. am

Überweisung an

Kassen-Nr. – Versicherten-Nr. – Status

Ausführung von Auftragsleistungen – Konsiliar-untersuchung – Mit-/Weiter-behandlung

Vertragsarztz-Nr. – VK gültig bis – Datum

Auftrag (bitte auch wichtige Befunde/Medikation angeben) / **Diagnose / Verdacht**

Diagnosen (ggf. Abrechnungsbegründungen)

Tag – Mon. – Tag – Mon.

Vertragsarztstempel/ Unterschrift überw. Arzt

Vertragsarztstempel des abrechnenden Arztes

Nicht zu verwenden bei Arbeitsunfällen, Berufskrankheiten und Schülerunfällen – Muster 6 (7.1999)

Der Arzt, der ohne Computer abrechnet, rechnet seine Leistungen, die er in seiner Praxis erbringt, auf dem Abrechnungsschein (blau) ab. Der Arzt, zu dem ein Patient überwiesen worden ist, rechnet seine Leistungen auf dem Überweisungs-/Abrechnungsschein (gelb) ab.
Die kassenärztliche Vereinigung (KV) kann an der Farbe erkennen, ob es sich um einen Originalkrankenschein oder um einen Überweisungsschein handelt.

B Das Rezept

10 **a** *Prüfen Sie im Text „Kassenärztliches Rezept", ob die Aussagen rechts stimmen.*

Kassenärztliches Rezept

Für Privatrezepte ist kein bestimmtes Format vorge-schrieben. Kassenärztliche Rezepte werden auf ein Arzneiverordnungsblatt geschrieben. Für Betäubungsmittel gibt es gesonderte Betäubungsmittelrezepte. Folgende Angaben stehen auf dem kassenärztlichen Rezept:

- Art und Ort der Krankenkasse
- Name, Vorname, Geburtsdatum des Patienten
- Kassennummer, Versichertennummer, Status (M = Mitglied, F = Familienangehöriger, R = Rentner)
- Ausstellungsdatum des Rezeptes
- Bezeichnung des Arzneimittels mit Form und Einnahmevorschrift
- Name, Anschrift, Telefonnummer und die Berufsbezeichnung „Arzt"
- eigenhändige Unterschrift des verschreibenden Arztes

Zusätzlich stehen auf dem kassenärztlichen Rezept noch verschiedene Vermerke, die anzukreuzen sind (z. B. gebührenpflichtig oder -frei).

Stehen die folgenden Aussagen im Text?	**Ja**	**Nein**
1 *Das Privatrezept muss eine bestimmte Form haben.*		
2 *Das Rezept muss Anweisungen für die Einnahme des Medikamentes enthalten.*		
3 *Die Arznei muss mit Form und Menge angegeben werden.*		
4 *Das kassenärztliche Rezept muss die Personalangaben des Patienten enthalten.*		
5 *Für Betäubungsmittel gibt es spezielle Betäubungsmittelrezepte.*		
6 *Auf dem Rezept muss man ankreuzen können, ob der Eigenanteil bezahlt werden muss.*		

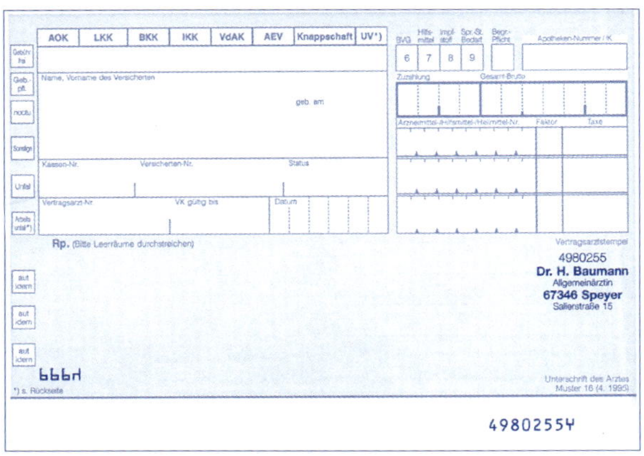
AOK | LKK | BKK | IKK | VdAK | AEV | Knappschaft | UV*)
Gebühr frei
Geb.-pfl.
noctu
Sonstige
Unfall
Arbeits unfall*)
Name, Vorname des Versicherten
geb. am
Kassen-Nr. | Versicherten-Nr. | Status
Vertragsarzt-Nr. | VK gültig bis | Datum
BVG | Hilfsmittel | Impfstoff | Spr.-St. Bedarf | Begr.-Pflicht | Apotheken-Nummer / IK
6 | 7 | 8 | 9
Zuzahlung | Gesamt-Brutto
Arzneimittel-/Hilfsmittel-/Heilmittel-Nr. | Faktor | Taxe
Rp. (Bitte Leerräume durchstreichen)
aut idem
aut idem
aut idem
Vertragsarztstempel
4980255
Dr. H. Baumann
Allgemeinärztin
67346 Speyer
Sallerstraße 15
Unterschrift des Arztes
Muster 16 (4. 1995)
*) s. Rückseite
4980255Ч

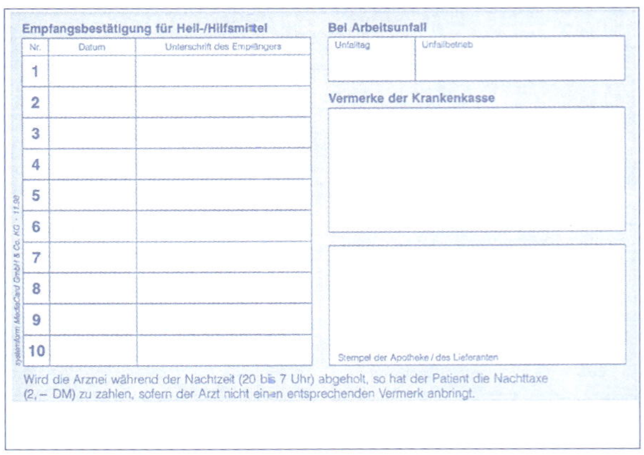
Empfangsbestätigung für Heil-/Hilfsmittel

Nr.	Datum	Unterschrift des Empfängers
1		
2		
3		
4		
5		
6		
7		
8		
9		
10		

Bei Arbeitsunfall
Unfalltag | Unfallbetrieb
Vermerke der Krankenkasse
Stempel der Apotheke / des Lieferanten
Wird die Arznei während der Nachtzeit (20 bis 7 Uhr) abgeholt, so hat der Patient die Nachttaxe (2,– DM) zu zahlen, sofern der Arzt nicht einen entsprechenden Vermerk anbringt.

10 **b** *Ordnen Sie zu.*

1	Bei Nacht: das Medikament wurde von der Apotheke, die Nachtdienst hatte, ausgegeben.
2	Kann der Arzt ankreuzen, wenn er möchte, dass der Apotheker ein gleichwertiges Medikament mit einem anderen Namen abgibt.
3	Bei einem Unfall fordert die Krankenkasse des Versicherten das Geld von der Kasse des Unfallgegners zurück.
4	Der Patient muss keinen Eigenanteil übernehmen.
5	Der Patient muss einen Eigenanteil übernehmen.
6	Die Krankenkasse legt die Ausgaben vor und holt sich das Geld von der Berufsgenossenschaft zurück.

aut idem – gebührenfrei – gebührenpflichtig – noctu – Unfall – Arbeitsunfall

Feste, flüssige und gasförmige Arzneiformen

11 *Setzen Sie in den folgenden Erklärungen die jeweilige Arzneimittelform ein.*

Tee – Pulver – Aerosole – Gase – Salbe – Lösungen – Zäpfchen – Ampulle – Tabletten – Gel – Tropfen

A Feste Arzneimittelformen:

.... : wird aus getrockneten Pflanzen hergestellt.
.... : besteht aus fein gemahlenen Arzneistoffen.
.... : bestehen aus pulverförmigen Arzneistoffen.
.... : sind eine Arzneisonderform zum Einführen in den Darm oder in die Scheide.
.... : enthält den Arzneistoff in einer fetthaltigen Substanz.
.... : besteht aus einer fettfreien Grundmasse, hat oft einen Kühleffekt.

B Flüssige Arzneimittelformen:

.... : sind eine kleine Menge Flüssigkeit, die man z. B. bei Husten einnimmt.
.... : enthalten die Arznei in einem Lösungsmittel, z. B. in Wasser oder Alkohol.
.... : ist ein Glasröhrchen mit sterilen Lösungen zum Einspritzen.

C Gasförmige Arzneimittelformen:

.... : werden vor allem als Narkose bei Operationen verwendet.
.... : sind Gase (vor allem Luft), die bei Asthmakranken verwendet werden.

Beim Vorbereiten der Medikamente immer die 5-**R**-Regel beachten:
Richtiger Patient
Richtiges Medikament
Richtige Dosierung und Konzentration
Richtige Applikationsart
Richtiger Zeitpunkt

C Arzneimittelgruppen

Anästhetikum (Betäubungsmittel, Narkotikum)
Analgetikum (Schmerzmittel)
Antibiotikum (antibakterielle Wirkung)
Antikoagulantium (blutgerinnungshemmendes Mittel)
Antiemetikum (verhindert Nausea, Übelkeit, Erbrechen, Schwindel)
Antihypertonikum (blutdrucksenkendes Mittel)
Antiparasitikum (Bandwurmmittel)
Antiphlogistikum (entzündungshemmendes Arzneimittel)
Antipyretikum (fiebersenkendes Mittel)
Desinfektionsmittel
Diuretikum (wassertreibendes Medikament)
Hämostyptikum (Mittel zur Blutstillung)
Hypnotikum (Schlafmittel)
Kardiotonikum (Herzmittel)
Kontrazeptivum (Verhütungsmittel)
Sedativum (Beruhigungsmittel)
Stimulans (Aufputschmittel, Weckamin)
Vasodilatans (durchblutungssteigerndes Arzneimittel)
Zytostatikum (zur Zerstörung der wuchernden Krebszellen)

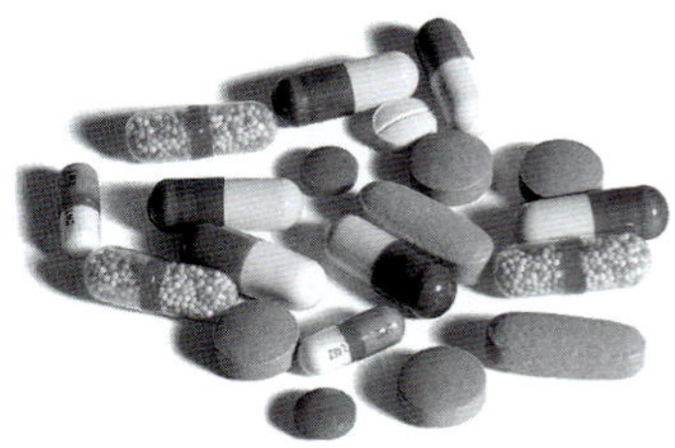

Infusionslösungen
Aminosäuren
Fettlösung, Fettemulsion
Glukoselösung 5%, 10%, 20%, 40%
Kochsalzlösung
Mannitollösung
Ringerlösung
Sorbitollösung

12 *Wann, warum, wogegen werden die folgenden Medikamente verordnet? Bitte ordnen Sie zu.*

1 Der Patient bekommt ein Beruhigungsmittel, ...	**A** ... wenn sich im Körper Wasser angesammelt hat.
2 Der Arzt verschreibt ein Antibiotikum, ...	**B** ... wenn der Arzt einen lokalen Eingriff vornehmen muss.
3 Ein Diuretikum wird dann verordnet, ...	**C** ... damit er abends besser einschlafen kann.
4 Dem Patienten wird ein Antipyretikum verordnet, ...	**D** ... wenn man konzentrierte Medikamente verdünnt und tropfenweise verabreichen will.
5 Betäubungsmittel werden eingesetzt, ...	**E** ... wenn das Fieber über 38,5° ansteigt.
6 Ein Patient bekommt eine Infusion, ...	**F** ... wenn er eine Lungenentzündung hat.

1	2	3	4	5	6
C					

D Umgang mit Arzneimitteln

Die Packungsbeilage

13 *Bitte ordnen Sie die Erklärungen den Begriffen zu.*

1	Hier werden Beispiele genannt, in denen die Einnahme des Medikamentes die Reaktionsfähigkeit beeinträchtigt.
2	Hier wird das Datum angegeben, nach dem das Medikament nicht mehr verwendet werden darf.
3	Hier steht, bei welchen Krankheiten das Medikament gefährlich werden kann.
4	Hier wird beschrieben, welche Begleiterscheinungen bei Einsatz des Medikamentes auftreten können.
5	Das ist eine Anweisung, wie der Kranke das Medikament einnehmen soll.
6	Hier steht, welcher Stoff- oder Indikationsgruppe das Medikament zugeordnet ist.
7	Hier wird beschrieben, aus welchen Substanzen sich das Medikament zusammensetzt.
8	Hier steht, wer das Medikament herstellt.
9	Hier erfährt man, in welcher Menge und in welcher Form das Medikament zu bekommen ist.
10	Hier steht, wofür das Medikament gut ist, welche Krankheiten es heilt.
11	Hier steht, welche anderen Medikamente die Wirkung eventuell verstärken oder abschwächen können.
12	Hier steht, zu welchem Zeitpunkt die Informationen der Packungsbeilage auf den neuesten Stand gebracht wurden.
13	Hier steht, welcher pharmazeutische Unternehmer das Medikament vertreibt.

Stoff- oder Indikationsgruppe oder Wirkungshinweis – Gegenanzeigen – Pharmazeutischer Unternehmer – Nebenwirkungen – Anwendungsgebiete – Darreichungsform und Inhalt – Vorsichtsmaßnahmen für die Anwendung und Warnhinweise – Stand der Information – Wechselwirkungen mit anderen Mitteln – Zusammensetzung – Dosierungsanleitung, Art und Dauer der Anwendung – Hersteller – Haltbarkeit

14 **a** *Lesen Sie die Packungsbeilage abschnittsweise und schreiben Sie die Begriffe aus Übung 13 über den jeweiligen Abschnitt.*

14 **b** *Übernehmen Sie die Rolle der Arzthelferin und antworten Sie auf die Fragen eines Patienten.*

1 Warum hat der Herr Doktor das Medikament verschrieben?

2 Wie soll ich das Medikament einnehmen?

3 Welche Nebenwirkungen hat Kytta-Sedativum?

4 Wie lange kann ich diese Arznei nehmen?

5 Welche anderen Medikamente darf ich nehmen oder nicht nehmen?

14 **c** *Welche Fragen könnte der Patient noch stellen?*

14 **d** *Formulieren Sie Warnungen, z. B.:*

Schließen Sie die Tabletten gut ein, damit Kinder sie nicht finden!
Oder: Schützen Sie das Medikament vor Sonne!

KYTTA **Kytta-Sedativum® f Dragees**

Beruhigend, schlaffördernd

Liebe Patientin, lieber Patient!
Bitte lesen Sie folgende Gebrauchsinformation aufmerksam, weil sie wichtige Informationen darüber enthält, was Sie bei Anwendung dieses Arzneimittel beachten sollen. Wenden Sie sich bei Fragen bitte an Ihren Arzt oder Apotheker.

....

– Arzneilich wirksame Bestandteile:
1 Dragee enthält 100 mg Baldrianwurzeltrockenextrakt [5,3:1 - 6,6:1; Auszugsmittel: Methanol 45%], 100 mg Hopfenzapfentrockenextrakt [7,7:1 - 9,5:1; Auszugsmittel: Methanol 45%], 90 mg Passionsblumenkrauttrockenextrakt [5,0:1 - 7,1:1; Auszugsmittel: Methanol 52%]

– Sonstige Bestandteile:
Calciumhydrogenphosphat, Silliciumdioxid, Cellulosepulver, Natriumcarboxymethylstärke, Magnesiumstearat, Stearinsäure, Dextrin, Lactose, Saccharose, Talkum, Calciumcarbonat, Arabisches Gummi, Tragant, Montanglycolwachs, Farbstoffe E 132, E 171.

....

50 Dragees (N1)
100 Dragees (N2)

....

Pflanzliche Hypnotika / Sedativa Kombination aus Baldrian, Hopfen und Passionsblume.

....

Merck Selbstmedikation GmbH
Rößler Straße 96
64293 Darmstadt
Tel.-Nr.: 0 61 51 / 856-0
Fax.-Nr.: 0 61 51 / 856-203
www.merck-selbstemdikation.de

....

Merck KGaA
64271 Darmstadt

....

Unruhezustände, nervös bedingte Einschlafstörungen.

....

Wann dürfen Sie Kytta-Sedativum f Dragees nicht einnehmen?
Kytta-Sedativum f Dragees dürfen nicht eingenommen werden bei Überempfindlichkeit gegenüber den Inhaltsstoffen.

....

Was müssen Sie im Straßenverkehr sowie bei der Arbeit mit Maschinen und bei Arbeiten ohne sicheren Halt beachten?
Arzneimittel mit schlaffördernder Wirkung können grundsätzlich auch bei bestimmungsgemäßem Gebrauch das Reaktionsvermögen soweit verändern, dass die Fähigkeit zur aktiven Teilnahme am Straßenverkehr oder zum Bedienen von Maschinen beeinträchtigt wird. Dies gilt im verstärkten Maße im Zusammenwirken mit Alkohol.

....

Welche Anderen Arzneimittel üben Wechselwir-kung mit Kytta-Sedativum f Dragees aus?
Über Wechselwirkungen von Kytta-Sedativum f Dragees mit anderen Arzneimittel ist bisher nichts bekannt.

....

Die folgenden Angaben gelten, soweit Ihnen Ihr Arzt Kytta-Sedativum f Dragees nicht anders verordnet hat. Bitte halten Sie sich an die Anwendungsvorschriften, da Kytta-Sedativum f Dragees sonst nicht richtig wirken können!

Wie und wann sollten Sie Kytta-Sedativum f Dragees einnehmen?
Erwachsene nehmen zur Beruhigung 3mal täglich 1 Dragee unzerkaut mit etwas Flüssigkeit ein. Abends sollte die Einnahme etwa 1 Stunde vor dem Schlafengehen erfolgen.

Bei Einschlafstörungen können abends 2 Dragees genommen werden.

Wie lange sollten Sie Kytta-Sedativum f Dragees einnehmen?
Kytta-Sedativum f Dragees können bis zum Abklingen der Beschwerden eingenommen werden. Sollten die Beschwerden nach 1-2 Wochen Einnahme unverändert fortbestehen, ist unbedingt ein Arzt aufzusuchen, da Unruhezustände und Schlafstörungen auch Anzeichen schwerwiegender Erkränkungen sein können.
Kytta-Sedativum f Dragees sind für eine langfristige Therapie geeignet. Diese sollte aber nur unter ärztlicher Kontrolle durchgeführt werden.

....

Welche Nebenwirkungen können bei der Anwendung von Kytta-Sedativum f Dragees auftreten?
Bei der vorgeschriebenen Dosierung sind bisher keine Nebenwirkungen bekannt geworden.
Wenn Sie Nebenwirkungen bei sich beobachten, teilen Sie diese bitte Ihrem Arzt oder Apotheker mit.

....

Das Verfallsdatum dieser Packung ist auf der Faltschachtel und auf dem Blister aufgedruckt. Verwenden Sie diese Packung nicht mehr nach dem angegebenen Datum!

Wie sind Kytta-Sedativum f Dragees aufzubewahren?
Arzneimittel für Kinder unzugänglich aufbewahren.

....

November 2001

Dieses Arzneimittel ist nach gesetzlichen Übergangsvorschriften im Verkehr. Die behördliche Prüfung auf pharmazeutische Qualität, Wirksamkeit und Unbedenklichkeit ist noch nicht abgeschlossen.

Code 1700
11 MAT 11891/01
7.01966.0023

15 *Sie haben sicher schon mal den Hinweis bei der Arzneimittelwerbung gehört. Unten finden Sie Original und Fälschung. Bitte sortieren Sie.*

und erschlagen Sie
Ihren Arzt oder Apotheker
Bei unerwünschten Nebenwirkungen
Ihren Arzt oder Apotheker ....
lesen Sie die Packungsbeilage
und fragen Sie ....
fressen Sie die Packungsbeilage ....
Zu Risiken und Nebenwirkungen ....

Arzneimittelaufbewahrung
Arzneimittel werden in einem Arzneimittelschrank, Impfstoffe in einem Arzneimittelkühlschrank aufbewahrt.
Beide Schränke muss man abschließen können. Der Schlüssel darf für Unbefugte nicht zugänglich sein. Arzneimittel, die der Betäubungsmittelverschreibungsverordnung (BtmVV) unterliegen, müssen gesondert und verschlossen aufbewahrt werden. Besonders wichtig ist das Verfallsdatum. Dafür muss der Arzneimittelschrank regelmäßig kontrolliert werden.
Die verfallenen Medikamente werden aussortiert und der Apotheke zur Vernichtung zurückgegeben.
Verfallene Arzneimittel in großer Menge gehören in den Sondermüll.

16 *Geben Sie dem neuen Praktikanten Anweisungen, wie Arzneimittel aufbewahrt werden müssen.*

Beispiel: Die Betäubungsmittel müssen gesondert und verschlossen aufbewahrt werden.
Oder: Achten Sie darauf, dass die Betäubungsmittel immer gesondert und verschlossen aufbewahrt werden.
Oder: Die Betäubungsmittel immer gesondert und verschlossen aufbewahren!

1 Impfstoffe ....

2 der Arzneimittelschrank ....

3 der Schlüssel zum Arzneimittelschrank ....

4 Arzneimittel, deren Verfallsdatum abgelaufen ist ....

5 Arzneimittel, die der BtmVV unterliegen ....

6 Arzneimittel in großer Menge, deren Verfallsdatum abgelaufen ist ....

17 *Unten stehen verkürzte Ratschläge für verschiedene Beschwerden. Wählen Sie die jeweils richtigen aus. Es können auch mehrere Ratschläge richtig sein. Erklären Sie, warum die anderen „falsch" sind.*

Beispiel: Sie haben **Zahnschmerzen**.

1 – eine Schmerztablette nehmen: *Richtig*, wenn Sie Zahnschmerzen haben, nehmen Sie eine Schmerztablette.
2 – zum Zahnarzt gehen: *Richtig*, bei Zahnschmerzen gehen Sie am besten zum Zahnarzt.
3 – etwas Kaltes trinken: *Falsch*, Kälte verstärkt den Schmerz.
4 – ein Glas Alkohol trinken: *Falsch*, Alkohol ist bei allen Beschwerden gefährlich.

1. Sie haben Zahnschmerzen:

- eine Schmerztablette nehmen
- zum Zahnarzt gehen
- etwas Kaltes trinken
- ein Glas Alkohol trinken

2. Sie haben eine Erkältung:

- heißen Himbeersaft trinken
- inhalieren
- sich ins Bett legen und schlafen
- zum Zahnarzt gehen

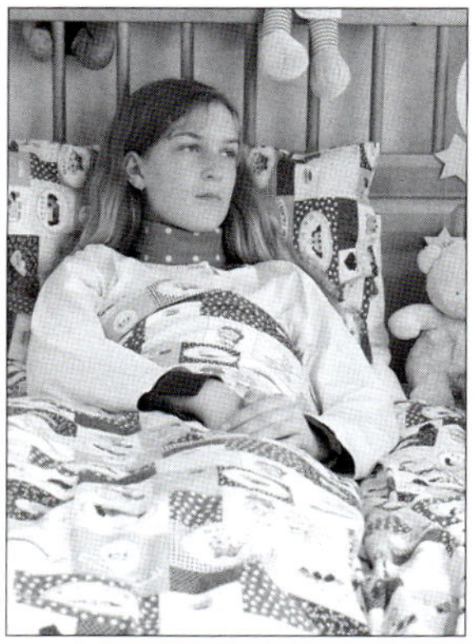

3. Sie haben Kopfschmerzen:

- eine Schmerztablette nehmen
- sich impfen lassen
- sich die Stirn mit Chinaöl einreiben
- sich gegen Diebstahl versichern lassen

4. Sie haben erhöhte Temperatur:

- sich ins Bett legen
- ein kaltes Bad nehmen
- sich kalte Wadenwickel machen
- sich einen Verband anlegen

5. Sie haben sich in den Finger geschnitten:

- die Hand in warmes Wasser legen
- Pflaster auf die Wunde kleben
- einen Gipsverband anlegen
- sich sofort ins Bett legen

6. Sie haben eine Beule am Kopf:

- sich hinsetzen und eine Kompresse auf den Kopf legen
- den Rettungsdienst anrufen
- Magentropfen nehmen
- sich die Stellen von Ihrer Krankenschwester küssen lassen

7. Sie haben zu viel gegessen. Jetzt haben Sie Magenschmerzen:

- einen heißen Kamillentee trinken
- noch eine Kleinigkeit essen
- die Stelle desinfizieren
- sich gründlich waschen

Bei Notfällen muss die Rettungskette funktionieren

Sorgen Sie möglichst schnell für einen Notruf. Am besten ist es, Sie bleiben selbst am Notfallort und bitten weitere Personen, den Notruf durchzuführen.
Das Telefon ist das gebräuchlichste Meldemittel. Mit Hilfe der Notrufnummern 110 oder 112 können Sie einen Notruf durchführen.
Übrigens: An allen öffentlichen Kartentelefonen kann man ohne Verwendung der Telefonkarte die Notrufnummern 110 und 112 wählen.

Sofortmaßnahmen – Notruf – Erste Hilfe – Rettungsdienst – Krankenhaus

18 **a** *Ordnen Sie die Tätigkeiten der Rettungskette zu.*

Wärmeerhaltung – Wundversorgung

Bewusstsein prüfen – Atemwege freimachen – Atemkontrolle – Seitenlagerung – Atemspende – Blutstillung

Ärztliche Behandlung

Vorbereitung des Krankentransports

Rettungsdienst rufen 112

18 **b** *Beschreiben Sie nun die Reihenfolge der Maßnahmen. Fangen Sie so an:*

....

Zuerst das Bewusstsein prüfen.
Oder: Zuerst muss der Helfer prüfen, ob der Verletzte bewusstlos ist.

Notfälle

19 *Ordnen Sie die Fachgebiete den Notfällen zu:*

Internistische Notfälle (Herz – Lunge – Abdomen) – Neurologie – Gynäkologie – Chirurgie

....	....
Herzanfall, Herzinfarkt, Rechts- und Linksherzversagen, hypo- und hyperglykämisches Koma, Kollaps, Atemnot, Kammerflimmern, Herzbeuteltamponade, Herzbeutelerguss, Herzblock, Herzrhythmusstörungen, Lungenembolie, Lungenödem, Lungenstauung, akute Blinddarmentzündung, akutes Abdomen, Nieren- und Leberversagen, Nebennierenversagen, Nieren- und Gallenkolik, eingeklemmter Gallenstein im Darm	komatöse Zustände, Gehirnkoma, Schlaganfall, epileptische Anfälle, Krämpfe, Psychose, Selbstmordversuch, manische Depression, Abstinenzsyndrom, Schädelfraktur, Schädelhirntrauma
....	....
Extrauterinschwangerschaft, Fehlgeburt	Unfälle, Verletzungen, Blutungen, Blutverlust, Knochenbrüche, Vergiftung, Verbrennung, Verätzung

In der Realität überschneiden sich diese Fachgebiete häufig.

Hypoglykämie

20 *Lesen Sie den folgenden Text und beantworten Sie die Fragen.*

Bei der Zuckerkrankheit produziert die Bauchspeicheldrüse zu wenig Insulin, daher muss es regelmäßig gespritzt werden. Aber bei Aufregung können die Blutzuckerwerte nach unten gehen. Dann droht eine Hypoglykämie (Unterzuckerung), der Kranke kann ins Koma fallen, schlimmstenfalls sogar sterben. Als Sofort-Gegenmaßnahme hilft dann nur, Zucker einzunehmen oder zu spritzen. Die alleinstehende Frau Anns hatte eines Tages mehr Stress als gewöhnlich. Sie musste viele Dinge erledigen. Auf der Rückfahrt passierte es dann: der Blutzuckerspiegel der Diabetikerin sank plötzlich bedrohlich ab. Sie begann zu zittern und zu schwitzen, sie war einer Ohnmacht nahe. Es ging ihr so schlecht, dass sie sich kaum noch verständlich machen konnte. Der Busfahrer stoppte den Bus und rief über das Funkgerät einen Krankenwagen an. Wenige Minuten später raste der Rettungswagen mit der Patientin in eine Klinik. Während der Einlieferung ins Krankenhaus gab der Notarzt der Zuckerkranken eine intravenöse Spritze mit 40% Glukoselösung. In der Notaufnahme fühlte sich die Patientin bald wieder ganz wohl.

1 Wie macht sich Hypoglykämie bemerkbar?
2 Welche Behandlung braucht ein Patient im unterzuckerten Zustand?
3 Mit wem und wie lebte Frau Anns?
4 Der Blutzuckerspiegel sank. Wie drückte sich dieser Zustand bei ihr aus?
5 Was hat der Busfahrer getan?
6 Warum ging es Frau Anns so schnell besser?

E Gebrauchsanweisungen

21 *Erklären Sie jetzt Ihrem Patienten, wie er das elektronische Thermometer gebrauchen soll.*

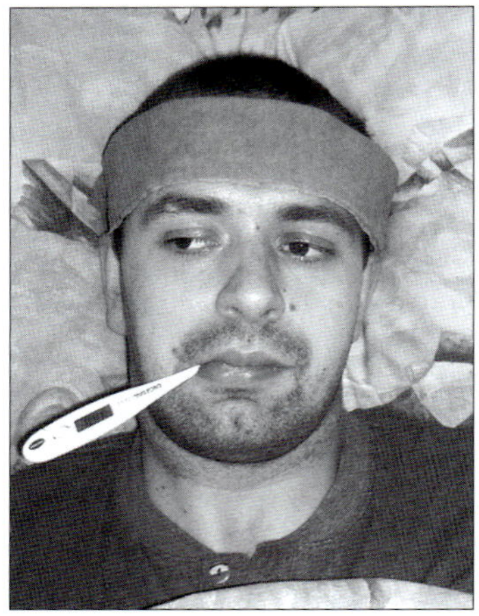

- den blauen Ein- und Ausschalter drücken
- Testwert ablesen
- Messbereitschaft des Gerätes abwarten
- Erscheinung der Anzeige LOC prüfen
- Spitze des Thermometers unter die Zunge stecken; Mund schließen
- das akustische Signal abwarten
- Temperatur ablesen
- Gerät ausschalten
- Gerät mit Wasser reinigen und mit Alkohollösung desinfizieren

Redemittel

- Zuerst müssen Sie ...
- Danach soll man ...
- Wenn das schon gemacht ist ...
- Bevor Sie ...
- Prüfen Sie nach, ob ...
- Nachdem das ...
- Vor dem Einschalten ...
- Achten Sie bitte darauf, dass ...

Blutentnahme

22 *Erklären Sie Ihrer Arbeitskollegin / Ihrem Arbeitskollegen, wie Blut abgenommen wird. Die obigen Redemittel helfen Ihnen, Ihre Erklärungen ausführlich zu formulieren.*

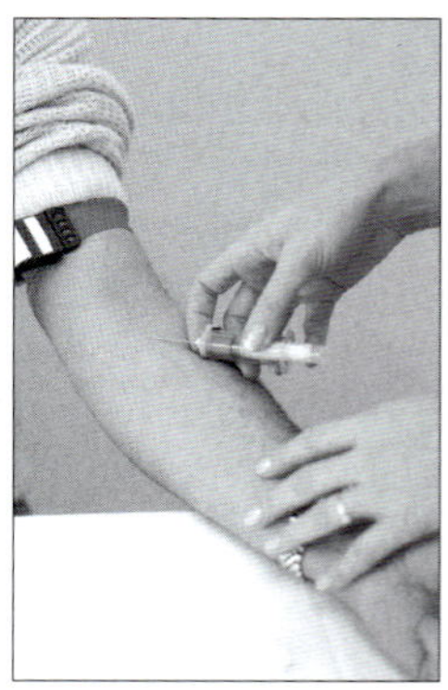

- den Patienten über Zweck und Vorgang informieren
- die Punktionsstelle anschauen und abtasten
- mit der Staubinde am Oberarm die Vene stauen
- die Haut mit dem Desinfektionsmittel und einem Tupfer desinfizieren
- die Vene mit der Kanüle (mit der Nadel) punktieren
- das Blut sorgfältig absaugen
- die Staubinde öffnen, die Kanüle herausziehen
- trockene Tupfer auf die Punktionsstelle drücken
- einen Schnellverband anlegen
- das Material entsorgen

F Mit Sprache spielen

Sätzepuzzle zu sozialen und medizinischen Berufen

Bilden Sie Gruppen. Sie erhalten Puzzle-Teile, die Sie zu sinnvollen Sätzen zusammen setzen sollen.
Die Gruppe, die zuerst fertig ist, gewinnt.

Der Orthopädie-schuhmacher

fertigt alten Menschen

Die Arzthelferin

die Probleme bei der Bewegung,

untersucht und operiert werden.

die Speisepläne

passt Brillen und Kontaktlinsen an.

die Rückenmuskeln stärken.

Die Diätassistentin stellt

Die Krankengymnastin

bei der Körperpflege und beim Essen.

stellt Apparate zur

zeigt Rückenkranken Übungen,

Die Motopädin arbeitet mit Menschen,

Die Medizinisch-Technische Assistentin

Die Augenoptikerin

für die Patienten zusammen.

untersucht Blut, Körper-flüssigkeit und Gewebe

assistiert, wenn Patienten

nach Krankheitserregern.

Der Zahntechniker

Spezialschuhe an.

beim Sprechen und beim Schreiben haben.

Zahnregulierung her.

Der Altenpfleger hilft

G Erste-Hilfe-Koffer

Warum ist David ein so guter Krankenpfleger?
Handlungskompetenz in medizinischen Berufen entwickeln.

Beschriften Sie drei verschiedenfarbige Karten in Druckbuchstaben mit:

- **Fachkompetenz**
- **Methodenkompetenz**
- **Sozialkompetenz**

und hängen Sie diese an drei Stellen im Raum auf. Hängen Sie ein Foto von David gut sichtbar auf.

a *Welche Fähigkeiten, Eigenschaften oder Kenntnisse Davids finden Sie persönlich am wichtigsten?*
Notieren Sie sich 5 davon. Zeit: 5 Minuten

- Er ist immer freundlich und höflich.
- Er lächelt die alten, kranken oder behinderten Menschen an.
- Er ist geduldig und kann gut zuhören.
- Er geht auf die Ängste und Fragen der Kranken ein.
- Er kann Wunden reinigen und Verbände anlegen, ohne weh zu tun.
- Er kann fachgerecht Spritzen geben.
- Er kann Behinderten aus dem Rollstuhl helfen.
- Er kann Patienten umbetten.
- Er kann den Kranken dabei helfen, wieder etwas selbstständiger zu werden.
- Er nimmt die Wünsche der Kranken ernst.
- Er findet auch in ungewöhnlichen Situationen eine Lösung.
- Er kann kleinere körperliche Beschwerden richtig behandeln.
- Er kann die Medikamentendosierungen ausführen und nach Plan verteilen.
- Er kann ängstliche Patienten trösten und ablenken.
- Er schafft auf der Station und in den Zimmern eine gute Atmosphäre.
- Er kann gut mit dem Stationsarzt, dem Chefarzt und seinen Kolleginnen und Kollegen umgehen.
- Er ist korrekt angezogen und trägt ein Namensschild.

b *Arbeiten Sie zu dritt und einigen Sie sich auf 5 Fähigkeiten, Eigenschaften oder Kenntnisse und schreiben Sie diese auf große Karten. Schreiben Sie groß und deutlich, mit der Breitseite des Stiftes und in Druckbuchstaben.*

c *Ordnen Sie, die Fähigkeiten, Eigenschaften oder Kenntnisse den speziellen Kompetenzen, die auf den Karten an der Wand stehen, zu. Begründen Sie Ihre Entscheidung. Manchmal werden Sie sich schwer einigen können, weil sich die Kompetenzen überschneiden, wie Sie aus dem Lernkonzept (siehe Vorlektion) erkennen können. Kommentieren Sie als Gruppe Ihre Entscheidungen im Plenum (10–15 Minuten).*

Menschen, die Hilfe brauchen

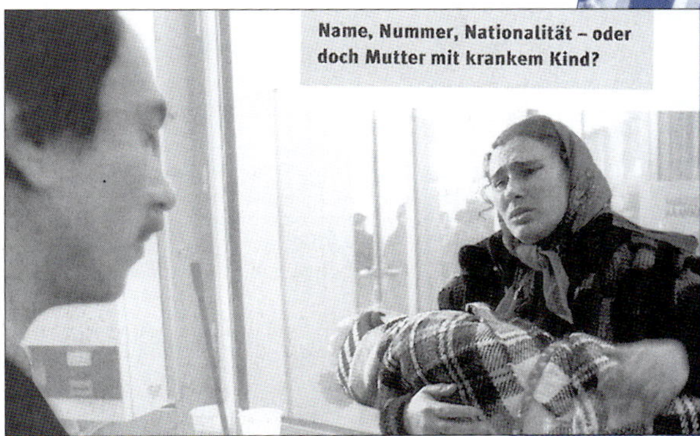

Einstieg

Setzen Sie die Wörter zusammen und schreiben Sie sie auf die Karteikarten.

Selbstmord-; -armende; Sucht-; Schwerst-; Flücht-; -gefährdete; Aus-; -tere; -behinderte; Sekten-; -kranke; -opfer; Vergewaltigungs-; Allein-; Straf-; Äl-; -linge; -siedler; Asy-; -gefangene; -stehende; -lanten; -opfer; Ver-

A Not hat viele Gesichter

Begriffe und Erläuterungen

1 *Bitte ordnen Sie die Erläuterungen den Begriffen zu.*

Behinderter – Strafgefangener – Asylant – Suchtkranker – Flüchtling

- Gefangener, der wegen einer Straftat eine Freiheitsstrafe abbüßt: ....
- Jemand, dessen geistiger oder körperlicher Zustand dauerhaft geschädigt ist (körperbehindert, geistig behindert, schwerhörig, blind): ....
- Jemand, der flüchtet oder geflüchtet ist: ....
- Jemand, der sich aus politischen Gründen in einem Staat um Asyl beworben hat: ....
- Jemand, der krankhaft nach Alkohol, Medikamenten oder Rauschgift (Drogen) verlangt: ....

2

Beschreiben Sie die Situationen auf den Fotos und erfinden Sie Geschichten zu den Menschen.

Redemittel

Auf dem Foto sieht man	Früher	In letzter Zeit	In Zukunft ....
Auf dem Foto ist .... zu sehen.	Vor einigen Jahren	Zur Zeit	Falls ...., ...
Das Foto zeigt	Damals	Jetzt	Wenn ...., ...
	Als ...., ...	Heute	Später ....
		Im Moment	Bald ....
		Im Augenblick	In .... Jahren ....

B Hilfe und Angebote für Senioren und Pflegebedürftige

3 *Erstellen Sie ein Assoziogramm mit den häufigsten Beschäftigungen älterer Menschen.*

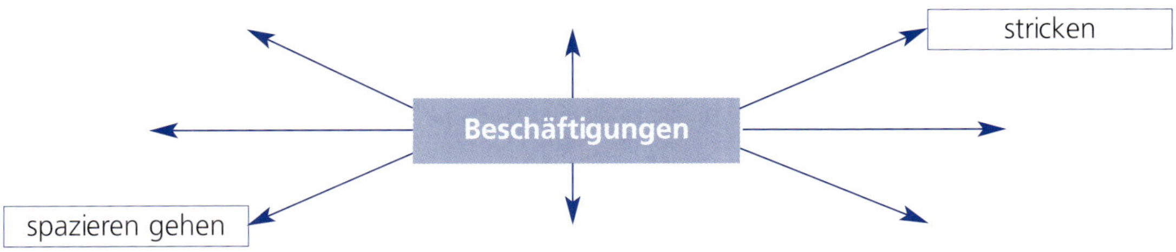

4 **a** *Sie machen wie jeden Freitag einen Besuch bei Frau Meyer, die noch recht rüstig und fit ist. Frau Meyer ist Witwe und lebt allein in ihrer Wohnung. Oft fühlt sie sich sehr allein, und deshalb freut sie sich immer auf Ihren Besuch. Heute ist der Veranstaltungskalender für Senioren für Oktober gekommen. Überlegen Sie zusammen, was Frau Meyer tun könnte.*

Redemittel

- Es wäre gut, wenn ....
- Wollen Sie nicht mal zur Seniorengymnastik / zum .... ?
- Wie wäre es denn, wenn Sie .... ?
- Hätten Sie nicht Lust .... zu .... ?
- Hätten Sie nicht Lust, mal zu .... ?
- Sie sollten mal wieder ....

4 **b** *Danach gehen Sie ins Seniorenzentrum zu Herrn Neuberg. Er hat schwere Arthrose in beiden Knien und ist manchmal sehr mutlos. Versuchen Sie, ihm zwei Veranstaltungen schmackhaft zu machen.*

Auszüge aus einem Veranstaltungskalender für SeniorInnen im Oktober

Datum	Tag	Veranstaltungen
01	Donnerstag	9.00–11.00 Uhr: Wassergymnastik für Senioren im Schwimmbad Delphin 15.00 Uhr: 1. Englisch für AnfängerInnen, SZ, Kantstraße 4, EG, 110 2. Kreuzworträtsel per Computer, SZ, Kantstraße 4, Computerraum 3. Basteln mit Frau Klein „Tischdekorationen im Herbst", Bürgerhaus, Goethestraße 10 19.00 Uhr: 1. Seniorenchorsingen „Herbstlieder", Bürgerhaus, Kleiner Saal 2. Kegeln, nicht nur für Senioren! Kegelbahn im Gasthaus Löwe 3. Theatergruppe: Proben für „Das lange, lange Weihnachtsmahl" von Th. Wilder – Es werden noch Mitspieler gesucht!

Datum	Tag	Veranstaltungen
03	Samstag	**Tag der Deutschen Einheit** 17.00 Uhr: Tanztee mit dem Foxtrott-Trio im Foyer des SZ
04	Sonntag	Tagesausflug nach Köln „Romanische Kirchen in der Altstadt“, auch für Rollstuhlfahrer geeignet
05	Montag	10.00–11.30 Uhr: „Italienisch für Italien“, Anfängergruppe SZ, 1. Stock, 112 – Fortgeschrittene, 1. Stock, 113 15.00 Uhr: Literaturgesprächskreis „Junge deutsche Literatur“ mit Herrn Nolte, Schillerschule, Schillerstraße 12, EG, Raum 2a 19.00 Uhr: 1. „Senioren mischen sich ein“ – Fragen an Kommunalpolitiker, Rathaus, 1. Stock 2. Selbsthilfegruppe Parkinson, SZ, EG, 110 9.00–18.00 Uhr: Wandergruppe „Rund um den Laacher See“, ca. 20 km, Picknick bei gutem Wetter am Rastplatz beim Kloster, anschließend Führung durch die Abteikirche
06	Dienstag	9.00–11.00 Uhr: „E-Mail und Surfen im Internet – kein Problem!“, SZ, Kantstraße 4, Computerraum 15.00 Uhr: 1. Stricken und Häkeln mit Frau Klein „Decken für Leprakranke in Indien“, Bürgerhaus, Goethestraße 10 2. Englisch für AnfängerInnen, SZ, Kantstraße 4, EG, 110 3. Rommégruppe, Café Kramer, Bahnhofstraße 19.00 Uhr: Opernabend im Stadttheater „Die Entführung aus dem Serail“ von W. A. Mozart, Gastspiel des Stadttheaters Schwetzingen 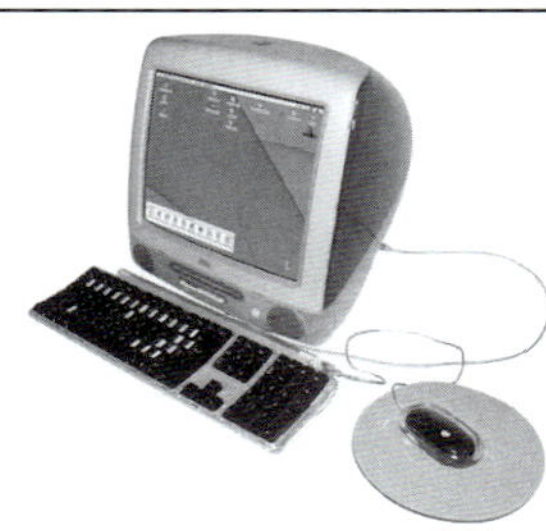
07	Mittwoch	**Tag der offenen Tür im Seniorenzentrum** Ausstellungen – Bazar – Flohmarkt – Theater – Kino non Stop – Café – und Kneipenecken – Weinprobe Ab 18.00 Uhr Tanz 

Worterklärungen: SZ = Seniorenzentrum, EG = Erdgeschoss

5 **a** *Die Leiterin des Seniorenzentrums bittet Sie, ein schönes Plakat für den Tag der offenen Tür zu entwerfen. Denken Sie daran, dass einige Seniorinnen und Senioren nicht mehr so gut sehen können. Achten Sie deshalb auf eine gute Präsentation.*

5 **b** *Überlegen Sie mit den anderen Praktikanten, welche anderen Veranstaltungen man für Seniorinnen und Senioren anbieten könnte. Denken Sie daran, dass in der 60plus Generation die meisten sehr aktiv und mobil sind, andere kleine und größere Behinderungen haben, aber trotzdem nicht vereinsamen wollen. Also für jede und jeden etwas!*

C Behinderte

Wider die Behinderungen

Neurotechnik

6 **a** *Lesen Sie den folgenden Text und stellen Sie sich gegenseitig Fragen zu den neuesten Errungenschaften, die Behinderten wieder mehr Lebensqualität geben. – Von welchen anderen Erfolgen haben Sie gehört?*

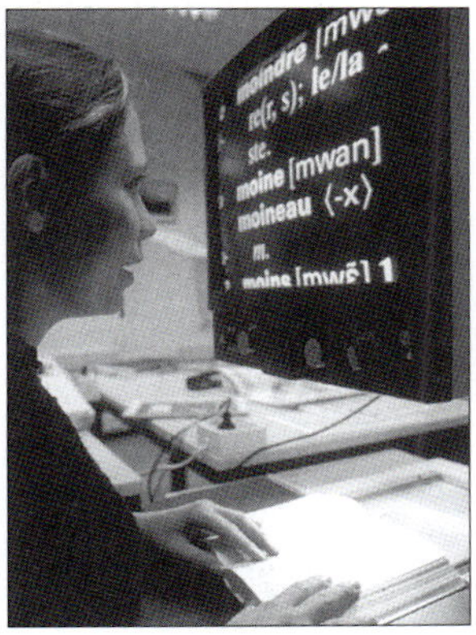

Vor zwanzig Jahren erleichterte der Computer Behinderten das Leben, weil mit seiner Hilfe Buchstaben und Sätze vergrößert darstellbar wurden und selbst sehschwache Menschen wieder lesen konnten.
Heute treiben elektronische Atemstimulatoren die Brustkorbmuskulatur Querschnittsgelähmter an, geben Chips kranken Herzen den Takt vor. Selbst im Falle des komplexen Sehorgans arbeiten Forscher daran, mit Hilfe der Elektronik eine künstliche Netzhaut zu schaffen, die Blinden das Sehen erlaubt. Allerdings sind die Forscher noch am Anfang.
Nicht mehr so sehr bei Querschnittslähmungen. So erteilt Julie Hill, seit einem Unfall im Rollstuhl, ihrer Beinmuskulatur mit Hilfe von Elektroden den Befehl zum Aufstehen.
In den USA ist es inzwischen gelungen, dass ein vollständig gelähmter Mann seinen Computer allein durch die Kraft seiner Gedanken steuert. Ein Minisender, unter die Kopfhaut implantiert, misst seine Hirnströme. Damit kann er erstmals wieder selbstständig mit der Umwelt kommunizieren.

Das Prinzip der unterstützten Beschäftigung

6 **b** *Welche Probleme kann z. B. ein Tauber, ein Blinder, ein Mensch, dessen Beine gelähmt sind, bei der Arbeit haben?*

Beispiel: Ein Mensch, dessen Beine gelähmt sind, braucht sicher einen Rollstuhl: In den Büros ist vielleicht nicht genug Platz dafür.

6 **c** *Versuchen Sie, die traditionellen Auffassungen von Behindertenhilfe mit Argumenten der* ***unterstützten Beschäftigung*** *zu entkräften, indem Sie die Sätze zu Ende schreiben.*

Das Prinzip der **unterstützten Beschäftigung** fordert, dass
- Behinderte nicht in Armut leben.
- Behinderte das Recht auf einen integrierten Arbeitsplatz in ihrer Stadt haben.
- Behinderte arbeiten können, unabhängig von ihrer Produktivität.
- Behinderte faire Löhne bekommen und am Arbeitsplatz respektiert werden.

1 Behinderte Menschen können keine eigenen Entscheidungen treffen und müssen beschützt werden.

– Im Gegenteil! Sie wollen ihr Leben selbst .... und .... selbst treffen.

2 Menschen mit geistiger Behinderung bleiben ihr Leben lang auf dem Stand eines Kindes.

– Aber nein! Menschen hören nie auf ....

3 Behinderte Menschen können nur relativ einfache Montagearbeiten durchführen.

– Das stimmt doch nicht! Auch sie wollen .... und .... lernen.

4 Menschen mit Behinderungen finden ihre Freunde am besten unter ihresgleichen.

– Wieso denn? Sie möchten mit anderen, natürlich auch mit Nichtbehinderten zusammen ...., ... und .... haben.

6 **d** *Bilden Sie Gruppen zu dritt und diskutieren Sie die Vorteile, die sich für Behinderte aus den Organisationsformen ergeben. Gehen Sie auch auf die Forderungen oben ein.*

Mobile Dienstleistungsgruppen sind Gruppen von Menschen, die zusammen mit Behinderten Dienstleistungen anbieten.

In **kleinen Integrationsbetrieben** gründen Menschen mit und ohne Behinderungen eine Firma und vermarkten ihre Produkte.

Unterstützte Einzelarbeitsplätze sind Arbeitsplätze in regulären Betrieben, an denen Behinderte durch die Kollegen je nach Bedarf unterstützt werden.

D Sozialstation

Alle Hilfen aus einem Haus

Familienpflege
Altenpflege
Nachbarschaftshilfe
Hausnotruf
Begegnungsstätte
Mittagstisch
Reparaturdienst
Gymnastikkreis
Musik, Ausflüge
Beratung, Kurse für pflegende Angehörige
Fahrdienst
Betreuung von psychisch Kranken
Häusliche Krankenpflege
Mobile soziale Dienste
Essen auf Rädern/Mahlzeitendienst

Die **Sozialstationen** stehen Kranken und Hilfsbedürftigen aller Altersgruppen zur Verfügung. Träger der Sozialstationen sind die Verbände der freien Wohlfahrtspflege, Kirchengemeinden, Krankenpflegevereine und Kommunen.

7 **a** *Ordnen Sie die Oberbegriffe den verschiedenen Dienstleistungen zu.*

Mobile soziale Dienste

Hilfe im Haushalt | Betreuung | Pflegehilfe | Häusliche Krankenpflege

A ______________________

- Hilfe beim Aufstehen / zu Bett Gehen
- Körperpflege
- an- und auskleiden
- entleeren und säubern von Nachtstühlen
- Betten machen

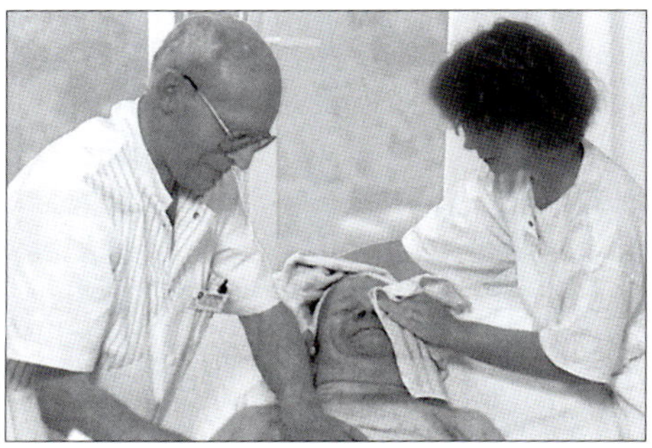

B

- einkaufen
- Hausarbeiten, z. B. putzen, waschen, Geschirr spülen
- Kehrwoche/Winterdienst
- kleine Reparaturen

C

- tage/stundenweise Betreuung in der Wohnung
- Spaziergänge, Gespräche, vorlesen
- Nachtwache

D

- Insulin spritzen
- Katheterpflege
- Blutdruck messen

7 **b** *Wählen Sie zwei Dienstleistungen aus und beschreiben Sie Ihrem Partner ganz genau:*

A was er tun muss (Modalverben / indirekte Fragesätze),
B wie Sie es gemacht haben (Perfekt).

Beispiel:

A Vorlesen:
Zuerst fragst du Herrn Anton, ob er möchte, dass du ihm etwas vorliest, aus welchem Buch und auf welcher Seite du anfangen sollst. Dann musst du ihn fragen, ob er dich versteht oder ob du lauter lesen sollst, ...

oder

B Hilfe beim Aufstehen:
Zuerst habe ich angeklopft und gefragt, ob ich reinkommen kann. Dann habe ich das Licht angemacht, die Vorhänge aufgemacht und „Guten Morgen, Herr Anton, haben Sie gut geschlafen?" gesagt. Danach habe ich die Decke hochgeschlagen und Herrn Anton geholfen, sich zu setzen und die Beine vor das Bett zu stellen, ...

Um Hilfe bitten – Telefongespräche

8 **a** *Lesen Sie diese Gespräche. Welche Wörter fehlen?*

A Mobile Dienste, Böblingen, guten Morgen. Mein Name ist Lehners. Wie können wir Ihnen helfen?

B Guten Morgen. Ich habe ein Problem. Seit zwei Tagen .... der Wasserhahn ....

A Wir .... Ihnen gern, Frau ...?

B Gärtner, Gärtner, mein Name ist Ingrid Gärtner. Ich .... in der Blumenstraße 13.

A Ist das in der Nähe der ....?

B Ja, ... gegenüber.

A Gut. Mein Kollege, Johannes Hörner, kommt in einer Stunde, so gegen ....

B Vielen Dank. Sagen Sie Ihm, dass er dreimal .... Ich werde warten. Auf Wiederhören.

8 **b** *Hören Sie jetzt das Gespräch. Waren Ihre Vermutungen richtig?*

9 *Bevor Sie das nächste Gespräch hören, überlegen Sie, was die Personen sagen könnten. Prüfen Sie dann, ob Sie richtig vermutet haben.*

LernTipp

Ein guter Hörer ist ein aktiver Hörer. Er bereitet sich vor.

A Guten Tag, ist das der „Rat+Tat-Dienst"?

B Ja, genau. Götz am Apparat. ....?

A Mein Sohn hat mir einen neuen Fernseher gekauft. ....

B Haben Sie die Bedienungsanleitung?

A Ja, klar. Aber ....

B Hm. Machen Sie sich keine Sorgen. Geben Sie uns nur Ihren ...., Ihre .... und .... an. Und wir ....

A Prima. Ich heiße ...., ...

B Wir rufen an, bevor ....

A Vielen Dank, bis bald. Auf Wiederhören.

10 *Entwickeln Sie weitere Gespräche, z. B. zur Kehrwoche und zum Winterdienst.*

Kehrwoche:
Die Treppe muss einmal pro Woche gekehrt werden.

Winterdienst:
Der Hausbesitzer oder die Bewohner des Hauses müssen bei Schnee den Bürgersteig und den Weg zur Haustür freimachen.

Telefonnotiz / Gesprächsnotiz
Nach einem Telefongespräch ist die Notiz eine Unterlage für weitere Bearbeitungen, manchmal auch ein Beweis. Immer Tag, Uhrzeit und Gesprächspartner notieren! Den Inhalt in Stichworten festhalten!

Anrufbeantworter abhören – Notizen machen

LernTipp

Notizen am besten mit Substantiven und Verben im Infinitiv (auch substantivierte Verben) machen.

11 **a** *Die Sozialstation hat natürlich einen Telefondienst. Fassen Sie zusammen, welche Informationen gegeben werden.*

TELEFONNOTIZ

Datum ____________

10	11	12	13	14
9	Uhrzeit			15
8	7	18	17	16

aufgenommen von ____________ ☐

Gesprächspartner ____________

Straße ____________

in ____________

Telefon ____________

Telefoninhalt ____________

☐ erbittet Rückruf
☐ ruft wieder an
☐ wünscht Besuch
☐ wünscht Einkauf
☐ wünscht jm. zum Vorlesen
☐ wünscht Essen auf Rädern

11 **b** *Frau Meyer hat auf den Anrufbeantworter gesprochen. Hören Sie den Anrufbeantworter ab und machen Sie Notizen.*

11 **c** *Rufen Sie Frau Meyer zurück und verabreden Sie sich mit ihr. Fragen Sie sie, ob sie noch andere Wünsche hat.*

11 **d** *Machen Sie Memos, damit Sie nichts vergessen.*

Das Memo
Memos sind Kurznachrichten, mit denen man den Kollegen / die Kollegin an etwas Wichtiges erinnert.

Memo
Von: Andrea
An: Esther

Bitte nicht vergessen, die Medikamente für Frau Meyer von der Ringapotheke abzuholen.

Memo
Von:
An:

12 **a** *Unten lesen Sie einen Kurzbericht von Frau Ganger, die Frau Schneider morgens pflegt.*

Montag, 2.6., 7 Uhr
– Frau Schneider ganz gewaschen
– Haare gewaschen
– Fingernägel geschnitten
– angezogen
– Medikamente gegeben; siehe Rezept
– Nicht vergessen: heute Abend Beruhigungstee, Beine einreiben.

12 **b** *Sie gehen am Abend zu Frau Schneider und erstellen einen Kurzbericht für die nächsten Pfleger. Die Stichworte helfen Ihnen.*

– heute etwas Fieber	–	– ....
– unruhig	–	– ....
– Schlafstörungen	–	– ....
– keinen Appetit	–	– ....

E Dinge, die den Alltag erleichtern

Seniorengerecht, benutzerfreundlich

barrierefreie Dusche
und sanitäre Sonderausstattung

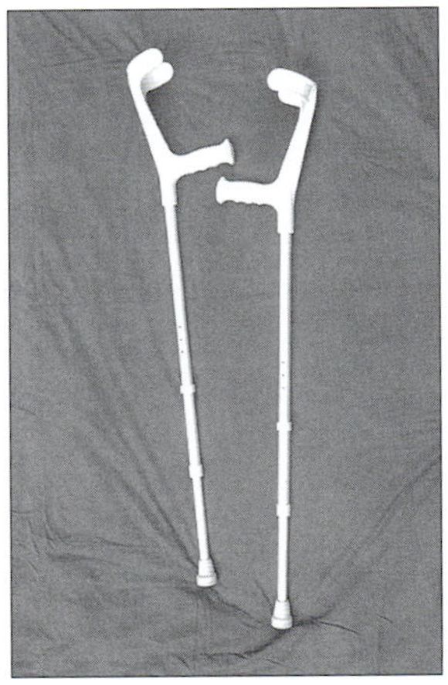
Gehstöcke

schnurloses Telefon

13 *Lesen Sie den Text unten und setzen Sie die Wörter ein.*

dem Rollstuhl – modernen technischen Produkten – Bedienung – altengerecht – unfallsicher – gut lesbar – seniorenleicht – einer Konservendose – allein – gefährlich – fremde Hilfe – benutzerfreundlich – zu öffnen sind

Alte Menschen dürfen keine Opfer der modernen Technik werden. Moderne Industrieprodukte sollen .... entwickelt werden. Was nicht „kinderleicht" ist, muss wenigstens „.........................." sein. Das Programm reicht von den Verpackungen, deren Etiketten .... und deren Verschlüsse leicht ...., bis zu „intelligenten Häusern" ohne Barrieren, wo gehbehinderte Menschen .... mit .... von der Haustür bis in die Nasszelle fahren können. Und zwar nicht nur im Notfall, sondern tagtäglich und aus eigener Kraft. Der Umgang mit .... fällt vielen älteren Menschen schwer. Muskelkraft und Sehvermögen lassen nach. Das Öffnen .... kann zum Problem werden. Die .... eines Elektroherdes macht Schwierigkeiten. Gewohnte Gegenstände des täglichen Gebrauchs werden im Alter .... Nicht nur das Auto, auch das Bügeleisen, die Kaffeekanne, die Steckdosen und Wasserhähne. Senioren und Seniorinnen müssen ohne .... mit diesen Gegenständen zurecht kommen. Sie sollten .... und .... sein.

Rollenspiel

14 *Machen Sie Einkäufe in einem Sanitätshaus. Lassen Sie sich beraten. Sie möchten z. B. einen Rollstuhl für Ihre 85-jährige Nachbarin kaufen. Die Redemittel helfen Ihnen.*

Redemittel

Kunde:

- Ich möchte gern ....
- Ich hätte gern ....
- Können Sie mir einen Rat geben?
- Welche Sicherheitsregeln muss man beachten?
- Wie viel kostet er / dieser da?
- Ich würde lieber den da nehmen.
- Ich möchte noch fragen, ob ....

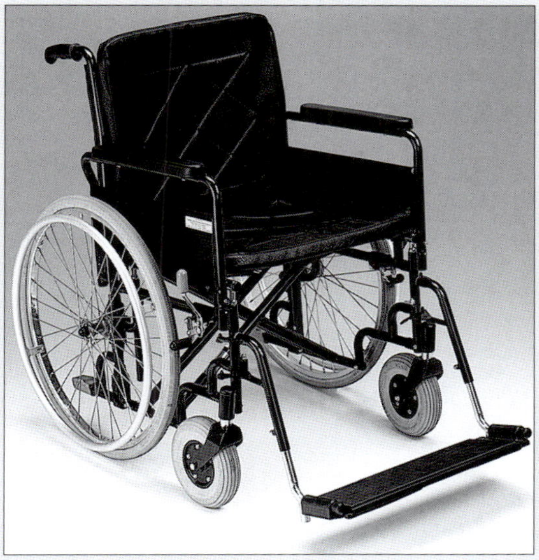

Berater:

- Guten Tag, was kann ich für Sie tun?
- Ich würde Ihnen empfehlen, ... zu ....
- Wie groß / wie schwer ist Ihre Nachbarin?
- Ich kann Ihnen da einen Tipp geben: Am besten ....
- Die Benutzung ist ganz einfach: Sie müssen ....
- Das Gerät ist unfallsicher. Sie können also ....
- Das lohnt sich / ist günstig. Sie sollten ....
- Dieses Gerät hat den Vorteil, dass ....
- Dazu würde ich Ihnen (nicht) raten, denn ....
- Das würde ich Ihnen (nicht) empfehlen, weil es ....

Projekte vorbereiten: Die Gerontotechnik

15 *Versuchen Sie, neue seniorengerechte Produkte zu entwerfen. Denken Sie dabei an Bereiche, wie z. B. Wohnen, Kommunikation, Haushalt, Hobby und Freizeit, Elektronik. Ihre Produkte sollen eine Hilfe für die Senioren sein. Zeichnen Sie das Produkt und machen Sie eine kurze Beschreibung.*

Essen auf Rädern

16 **a** *In einem Prospekt wirbt eine Sozialstation für den Service „Essen auf Rädern". Leider haben sich ein paar inhaltliche und sprachliche Fehler eingeschlichen. Können Sie sie finden?*

Täglich, auch am Wochenende und in Feiertagen, liefern wir Ihnen noch fertig zubereitete Menüs ins Haus – mit Nachtisch und gegen Ihren Wunsch auch mit einen frischen Salat. Essen auf Rädern sorgt dafür, dass Sie sich regelmäßig, ungesund und schmackhaft ernähren.

Wir liefern Ihnen:

– Vollkost (normales Menü)
– Piccolino (größeres Menü)
– fleischlose Menüs
– Schonkost (bei Leber-, Magen- und Gallenkrankheiten)
– Diabetikerkost

Natürlich versorgen wir Sie auch mit mundgerechten und pürierten Mahlzeiten. Wir liefern alle Menüs selbstverständlich auch tiefgefroren: Sie wählen Ihre Lieblingsspeise aus unserem unbebilderten Katalog und wir stellen Ihnen aber keine Geräte zum Tiefkühlen und Aufwärmen zur Verfügung.
Wir beraten Sie gerne, rufen Sie uns einfach nicht an!

info

16 **b** *Ein neuer Praktikant aus Ihrem Land hat nicht alle Adjektive verstanden. Erklären Sie ihm diese.*

fertig zubereitet – regelmäßig – schmackhaft – mundgerecht – püriert – bebildert

Beispiel: bebildert: im Katalog kann man sich alle Menüs auf Fotos ansehen.

17 **a** *Lesen Sie sich die Sätze in Aufgabe 17b durch und hören Sie dann das Gespräch. Machen Sie noch keine Notizen.*

17 **b** *Sie hören das Gespräch noch einmal. Ergänzen Sie jetzt die fehlenden Wörter.*

1 Worum handelt es sich eigentlich bei der Aktion „Essen auf Rädern"?
Um .... für behinderte und alte Menschen.

2 Woher stammt die Idee zu dieser Einrichtung? Aus ....

3 Wo gibt es diese Einrichtungen heute in der Bundesrepublik Deutschland? In allen ....

4 Und wer sind die Empfänger? ....

5 Wer steht hinter der Aktion? ....

6 Die Aktion heißt „Essen auf Rädern"? Woher kommt das Essen?
....

7 Wie viele Menschen werden zur Zeit in Bonn durch diesen Dienst versorgt?
....

17 **c** *Herr König ist nach einer Bypass-Operation wieder zu Hause und muss sich noch sechs Wochen schonen. Er ist Diabetiker und hat Probleme mit seinem Gebiss. Helfen Sie ihm beim Ausfüllen des Anmeldebogens für „Essen auf Rädern".*

Caritas Altenzentrum St. Lukas
Kirchheimerstraße 20
73249 Wernau
Telefon: 07153/9309-0

caritas

Anmeldebogen für „Essen auf Rädern"

1. Persönliche Daten:

Name:	**Vorname:**
Geburtsdatum:	**Geburtsort:**
Straße / Hausnummer:	**Postleitzahl / Wohnort:**
Telefonnummer:	**Beste Erreichbarkeit:**

2. Zeitraum:

Befristete Lieferung:	**Erster Tag:**			**Letzter Tag:**			
Unbefristete Lieferung:	**Erster Essenstag:**						
Auswahl von Tagen:	**Mo.**	**Di.**	**Mi.**	**Do.**	**Fr.**	**Sa.**	**So.**

3. Kostform: (bitte ankreuzen)

Wöchentlich Auswahl nach Speiseplan:		**Zucker / Leichte Kost:**	
Vollkost:		**Fleischlose Kost:**	
Kleine Portion / Piccolino:		**Sonderkostform:**	

4. Abrechnungswunsch: (bitte ankreuzen)

Nur Rechnung:		**Rechnung und Lastschrift:**	
Rechnung und Überweisung:		**Lastschrift:**	

5. Anmeldebestätigung:

Meine persönlichen Daten werden nur mit meinem Einverständnis an Dritte weitergeleitet. Die Einrichtung und deren Mitarbeiter unterliegen der Schweigepflicht und den Bestimmungen des Datenschutzes.
Den Inhalt des Informationblattes habe ich zur Kenntniss genommen und erkläre mich mit den enthaltenen Bedingungen einverstanden.

Ort, Datum: ____________ **Unterschrift:** ____________

18

Spielen Sie Dialoge zu zweit. Der Sohn von Frau Anton interessiert sich für die Angebote „Hausnotruf" und „Fahrdienst". Lesen Sie die Informationen und erläutern Sie ihm diese. Schreiben Sie die Sätze zunächst auf.

Hausnotruf	**Fahrdienste**
Tel.: 0711/93 88 22-12 Mit unserem Hausnotruf sind Sie selbstständig, aber nicht allein. Ein Telefonanschluss genügt und Sie haben die Sicherheit, immer Hilfe herbeirufen zu können. Über die qualifizierten Mitarbeiter in unserer Zentrale erreichen Sie unsere sozialen Dienste und, falls erforderlich, alle Rettungsdienste 24 Stunden am Tag. Der Hausnotruf bietet: – Notrufgerät mit Telefon – Sofortverbindungen zur Zentrale ohne Wählen – Kleiner Rufsender an der Halskette, am Clip oder an der Uhr – Kontrollanrufe der Zentrale – Sonstige Notrufmeldungen (z. B. Feuer) Unser Hausnotruf bewahrt Ihre Selbstständigkeit und bietet Ihnen optimale Sicherheit.	Tel.: 0711/93 88 22-13 Wir bieten Ihnen Fahrdienste für Behinderte (mit Fahrzeugen, die für Rollstuhlfahrer ausgerüstet sind), sowie Senioren oder Kranke, wenn die Mobilität eingeschränkt ist: – Fahrten zum Arzt oder zur Kur – Fahrten zu Veranstaltungen, zu Freunden oder Bekannten – Fahrten zu Behörden Wir holen Sie in Ihrer Wohnung ab und begleiten Sie auch gerne bei Ihren Besorgungen. Unser Fahrdienst bietet außerdem: – Schülerbeförderung – Fahrten für Behinderte zum Arbeitsplatz – Bettentransporte

Beispiel: Der Hausnotruf bietet Ihrer Mutter ein Notrufgerät mit Telefon. Sie kann sich, ohne zu wählen, mit der Zentrale verbinden lassen.

F Selbstinitiativen

Es gibt viele Initiativen, die den hilfebedürftigen Menschen und den pflegenden Angehörigen bei ihren Problemen helfen und sie unterstützen.

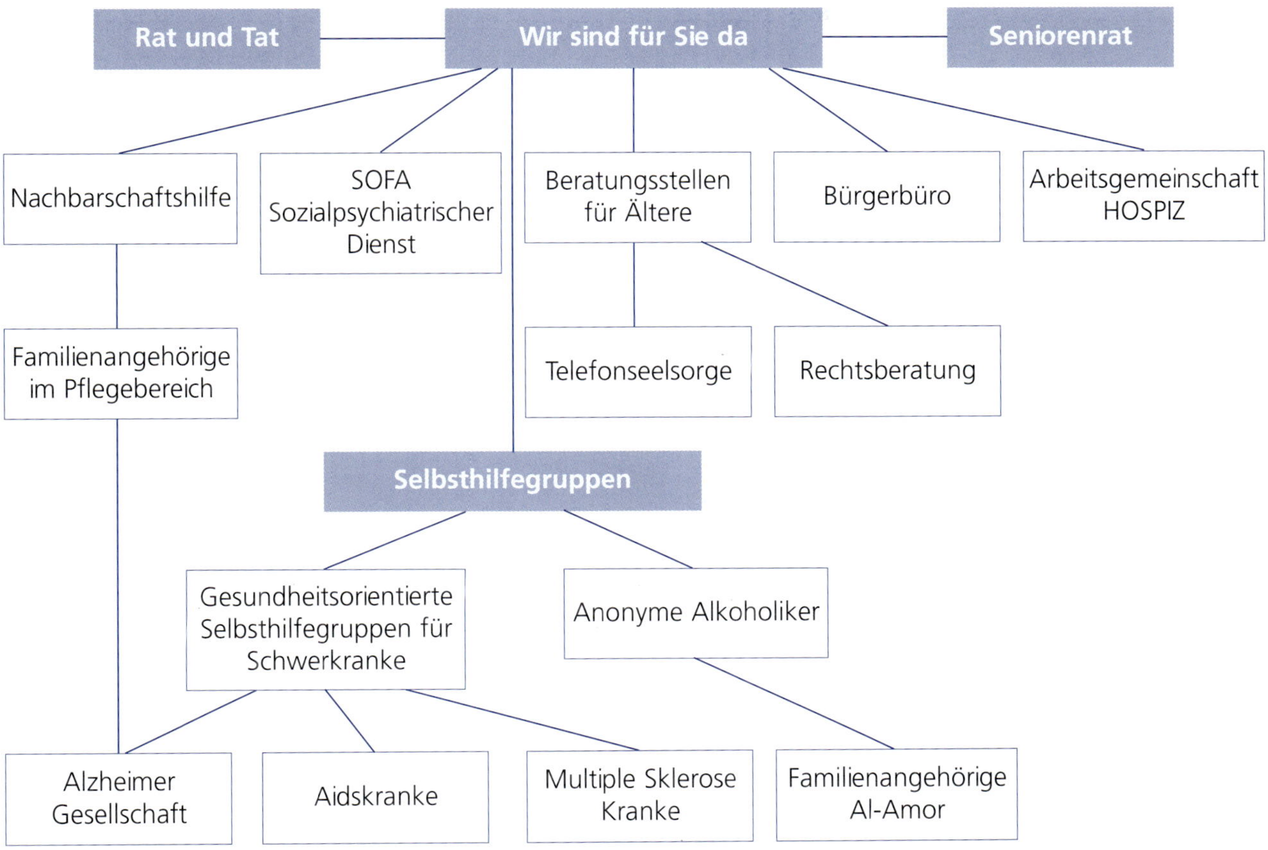

19 *Lesen Sie die folgenden Erklärungen und ordnen Sie die entsprechende Organisationsform zu.*

Beispiel: Hilft durch Zuhören: *Telefonseelsorge*

A Sozialpsychiatrischer Dienst für alte Menschen, gibt Hilfe in akuten Krisensituationen, berät und sucht Lösungsmöglichkeiten für Probleme im Alter.

....

B Übernimmt kleine Reparaturarbeiten und bietet technische Hilfen im Haushalt.

....

C Will Sterbenden helfen durch stilles Dasein, Gespräche, Zuhören.

....

D Vermittelt Pflegedienste, Nachbarschaftshilfen, Essensdienste, Tagespflege.

....

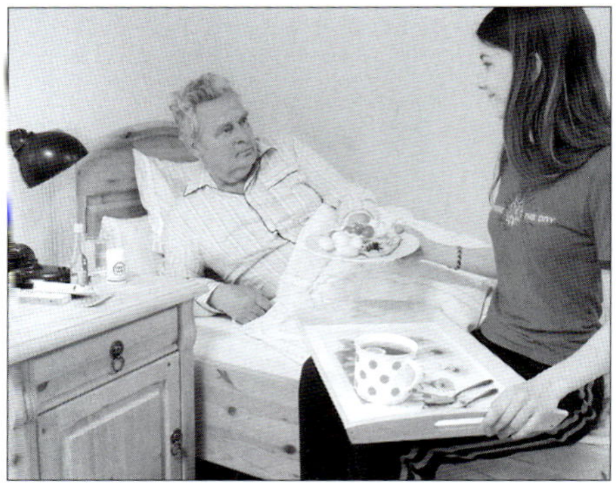

E Steht den Anrufern im Krisenfall bei und hilft durch Zuhören, Ermutigen und Mittragen.

....

F Fördert Verständnis und Hilfsbereitschaft in der Bevölkerung für die Alzheimerkrankheit; berät, ermutigt die Kranken und Ihre Familien.

....

G Vertritt die Interessen der älteren Generation für mehr Lebensqualität, macht die Öffentlichkeit auf Probleme der Seniorinnen und Senioren aufmerksam.

....

H Übernimmt Haushaltversorgung bei älteren Menschen, Kranken und Behinderten (einkaufen, Staub saugen, Essenszubereitung, Wäsche)

....

Rat + Tat – Seniorenrat – Arbeitsgemeinschaft HOSPIZ – Beratungsstelle für Ältere – Alzheimer Gesellschaft – Telefonseelsorge – SOFA – Nachbarschaftshilfe

20 **a** *Wählen Sie eine der Initiativen aus und beschreiben Sie deren Aufgaben. Die folgenden Redemittel helfen Ihnen dabei.*

Redemittel

- Die Aufgabe der .... besteht darin, ... zu ....
- .... beschäftigt sich mit ....
- .... ist für .... bestimmt.
- .... hilft bei ....
- Ihre Aufgaben sind ....

20 **b** *Sie wollen bei der Nachbarschaftshilfe mitmachen. Welche Aufgaben könnten Sie übernehmen?*

Beispiel: Ich könnte zweimal pro Woche einkaufen gehen.

Begleitung Sterbender und ihrer Nächsten

Die **Arbeitsgemeinschaft HOSPIZ** setzt sich dafür ein...

... Sterben als einen wichtigen Teil des Lebens zu verstehen und anzunehmen.

... in unserer Gesellschaft zu einer bewussteren Haltung zu Sterben, Tod und Trauer beizutragen.

... Menschen zu ermöglichen, die letzte Zeit ihres Lebens in ihrer vertrauten Umgebung zu verbringen.

... Angehörige und Freunde von Sterbenden zu entlasten und zu begleiten.

Viele Menschen möchten ihre letzten Monate und Tage zu Hause zusammen mit dem Lebenspartner oder Familienangehörigen und Freunden verbringen. Diesen Wunsch unterstützt die Arbeitsgemeinschaft HOSPIZ unabhängig von der Herkunft oder der Religion.

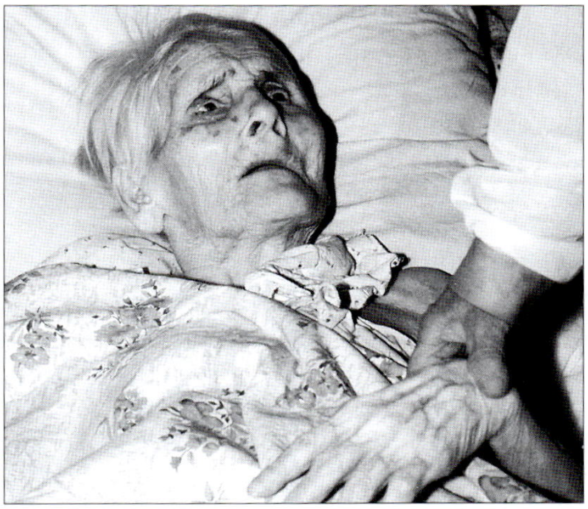

21 **a** *Wer wendet sich an die Arbeitsgemeinschaft HOSPIZ?*

21 **b** *Nennen Sie Motive:*

Beispiel: Herr Klein kann nicht jede Nacht bei seiner Mutter sitzen, weil er arbeitet.

....

....

....

21 **c** *Mimik und Gestik spielen eine wichtige Rolle im Kontakt mit Sterbenden. Beschreiben Sie die Eigenschaften, die eine Person haben sollte, die Sterbende betreut.*

Beispiel:
Der Betreuer sollte ....
Der Betreuer sollte auf jeden Fall ....

G Mit Sprache spielen

Sport hält fit und macht gesund.
Wie sieht Seniorensport aus?

- Gruppenübungen im Gehen
- Grundformation: Kreis
- Seniorentanz
- Gymnastik zu Hause

22 *Ein Lerner übernimmt die Rolle des Gruppenleiters und gibt die folgenden Anweisungen. Die anderen führen sie aus.*

Stellen Sie sich hin, ganz locker:
- die Beine und Arme ausschütteln,
- nach oben recken und strecken wie nach dem Aufwachen,
- die Beine und Arme nochmal ausschütteln.

Stellen Sie sich gerade hin und gehen Sie zur Musik im Kreis:
„links – rechts – links" und „kurz – kurz – lang", „kurz – kurz – lang",
„kurz – kurz – lang"...
Gehen Sie weiter,
legen Sie die Hände auf die Schultern des Vordermannes,
in Schneckenlinien gehen,
die Schnecke auflösen durch eine halbe Drehung in
die Gegenrichtung.
Im Kreis gehen,
die Arme nach vorne heben,
die Arme nach beiden Seiten strecken,
die Arme über den Kopf strecken,
den Kopf und die Arme nach vorne fallen lassen.

Musik: Marsch, Polka, Samba, Cha-Cha, Mazurka
Achtung**: Nur für Senioren ohne Kniebeschwerden!**

23 *Denken Sie sich selbst Gymnastikübungen aus und probieren Sie diese in Ihrer Gruppe aus.*

H Erste-Hilfe-Koffer

Mindmaps erstellen bedeutet:
- sowohl die rechte als auch die linke Gehirnhälfte trainieren
- sich Bilder von Wörtern machen
- das Gedächtnis trainieren
- die Konzentration erhöhen
- sich einen Überblick verschaffen
- Zeit sparen
- versteckte Ideen auffinden
- Lösungen für Probleme entwickeln
- flexibel werden

Jedes Thema hat einen Stamm, Hauptäste und Nebenzweige. Das Thema steht in der Mitte des Blattes. Die Äste tragen in unserem Beispiel die Oberbegriffe, die Zweige tragen die konkreten Veranstaltungen.

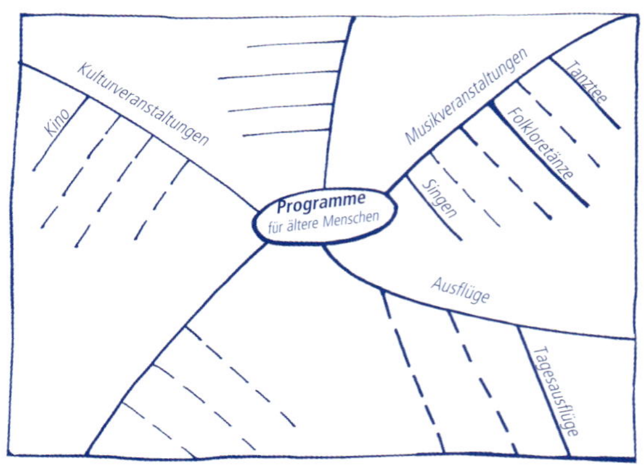

Merke:
1. nur Substantive und Verben
2. Blockbuchstaben
3. verschiedene Farben oder Schriften für das Thema, die Äste und Zweige

24 *Probieren Sie es doch mal aus! Entwerfen Sie ein Mindmap zu: Programme für ältere Menschen.*

Lektion 6

Leben und Wohnen im Alter

1

2

3

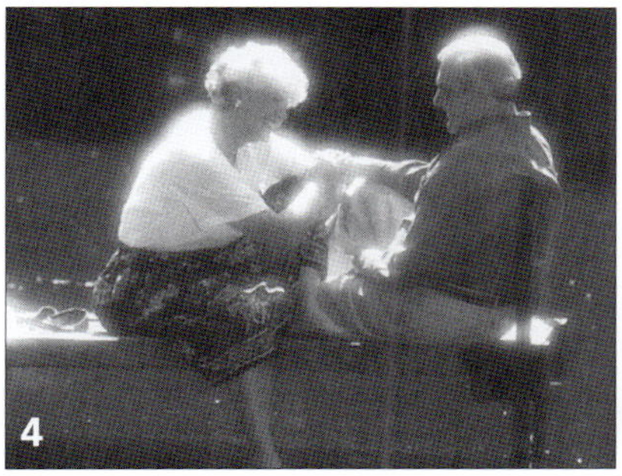

4

5

6

Einstieg

Im Alter

a *Ordnen Sie die Aussagen den Bildern zu. Es gibt mehrere Möglichkeiten.*

A Ratlos im Alter?
B Das Alter genießen.
C Mit anderen alten Menschen zusammen sein.
D Angst vor dem Alter?
E Ein Leben in Würde und Sorglosigkeit.
F Sich verwöhnen lassen.
G Wird mein Partner mich noch lieben?
H Wird meine Rente ausreichen?
I Werde ich meinen Haushalt weiterführen können?
J Immer versuchen, auch zu jungen Leuten Kontakt zu haben.
K Leihoma oder -opa sein.

b *Wenn Sie Ihr Alter planen könnten, was würden Sie im Alter am liebsten tun?*

Beispiel: Ich würde versuchen, mit vielen Leuten in Kontakt zu bleiben.
Ich würde ....

c *Was können Sie jetzt schon tun? (siehe auch Lektion 2)*

Beispiel: Ich kann jetzt schon eine Rentenzusatzversicherung abschließen.
....

A Wohnen im Alter

1 **a** *Lesen Sie bitte die Erklärungen zu den Wohnformen für Senioren. Setzen Sie dabei die Verben ein.*

sorgen – gepflegt – wohnen – begegnen – leben – treffen – wohnen – allein sein

Altenheim, Seniorenheim und Alten- und Pflegeheim bedeuten ungefähr dasselbe. Dort .... ältere Menschen, die nicht mehr .... wollen oder bei wesentlichen Verrichtungen des täglichen Lebens Hilfe brauchen. Wenn sie krank sind, werden sie dort auch .... In einem Alten- oder Seniorenheim stehen jedoch nicht immer Pflegeplätze zur Verfügung. Sehr oft werden solche Heime von der Kirche oder der Caritas geführt.

In einem **Seniorenheim** können Senioren wählen zwischen:

- Betreutem Wohnen in modernen Seniorenwohnungen
- Vollversorgung in Wohnstiftappartements
- Langzeitpflege in Ein- und Zweibett-Pflege-Appartements
- Kurzzeit-, Tages-, Nacht- und Wochenendepflege sowie stundenweiser Pflege

Beim Betreuten Wohnen .... die Senioren in ihren eigenen vier Wänden und .... für sich selbst. In den **Wohnstiftappartements** nehmen sie die Mahlzeiten im Speisesaal ein. In einem **Tagesheim** können sich alte Menschen während des Tages ...., aber dort nicht .... Die **Altenbegegnungsstätte** ist ein Ort, an dem sich Seniorinnen und Senioren z. B. zu einer Aktivität oder zum Kaffee trinken .... können.

1 **b** *Erklären Sie die Wohnformen, indem Sie Relativsätze benutzen.*

Beispiel: Ein Pflegeheim ist ein Haus / eine Einrichtung, in dem / in der kranke und alte Menschen gepflegt werden.

B Wohnen und Leben im Alten- und Pflegeheim

Sankt Lukas

Altenzentrum
Wernau

Kirchheimer Strasse 20,
73249 Wernau
Telefon: 07153 / 93090

Kontaktpersonen:
Frau Lapmann, Sozialdienst
Frau Saur, Heimleiterin

caritas

Lesen Sie den Prospektausschnitt eines Alten- und Pflegeheims und finden Sie heraus,

a *über wie viele Plätze das Altenheim bzw. das Pflegeheim verfügt.*

....

b *welche Serviceleistungen das Heim bietet.*

....

c *wo es liegt.*

....

d *wie es verkehrsmäßig zu erreichen ist.*

....

e *wie Sie mit dem Altenheim in Verbindung treten können.*

....

Eröffnung:	Herbst 1984
Altenheimplätze:	40 Appartements
Pflegeheimplätze:	62 Plätze, 12 Einzel-, 25 Doppelzimmer
Serviceleistungen:	Reinigungsdienst, Fremdwäscherei, Friseur, Fußpflege, Krankengymnastik, Einkaufsfahrt einmal wöchentlich, Freizeitangebote, 24-Stunden Betreuung im Pflegebereich, Sozialdienst, ehrenamtliche Helfer. Angebot von Kurzzeitpflege zur Entlastung der Angehörigen und zum Kennenlernen unseres Hauses. Treffen mit Angehörigen und Angehörigengruppen zum gegenseitigen Austausch und gegenseitigen Verständnis.
Anschrift:	Caritas Altenzentrum St. Lukas Kirchheimer Straße 20, 73249 Wernau Telefon 07153 / 93090

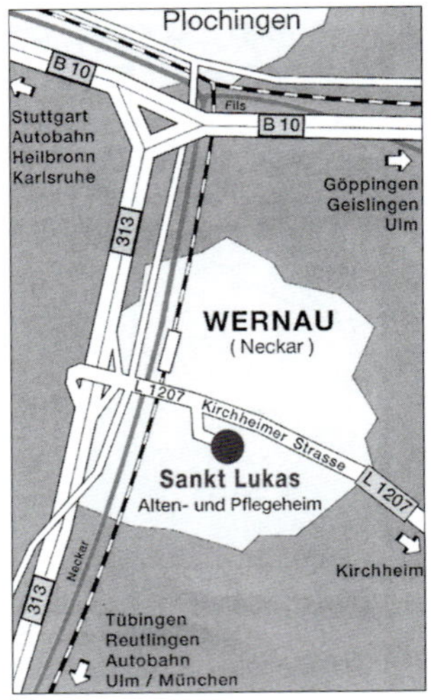

Unser Haus liegt am Hang und ist von schönen, ruhigen Fußwegen und Grünflächen umgeben. Die Lage ist sehr zentral, das Ortszentrum ist über einen Gehweg bequem in ca. 10 Minuten zu erreichen. Einkaufsmöglichkeiten sind in unmittelbarer Nähe vorhanden. Der Bahnhof ist ebenfalls in wenigen Minuten zu erreichen, so dass Sie bequem mit dem Zug verreisen oder Ihre Angehörigen auch leicht per Bahn kommen können.

2 **f** *Spielen Sie nun zu dritt kleine Gespräche. Ein Ehepaar interessiert sich für dieses Heim und die Praktikantin gibt Auskunft und berät sie.*

Beispiel: *Frau Früh*: Wie groß ist denn das Doppelzimmer? Vielleicht ist ein Appartement doch größer. Was meinst du, Peter?
Praktikantin: Das Doppelzimmer hat ungefähr 24 qm. Im Flur ist eine Kochnische, natürlich sind Bad und Toilette getrennt. Das Appartement hat dagegen zwei große Zimmer, ein Schlafzimmer und ....
Herr Früh: Eine Kochnische wäre natürlich toll!

3 **a** *Bitte ordnen Sie die Bilder den Texten zu und nennen Sie ein Wort oder eine Einzelheit auf dem Bild, das/die Ihnen dabei geholfen hat.*

A

1 Für ältere Menschen, die rund um die Uhr Betreuung und pflegerische Hilfe benötigen, bieten wir mit unserem Pflegeteam kompetente medizinisch-pflegerische Betreuung an.

B
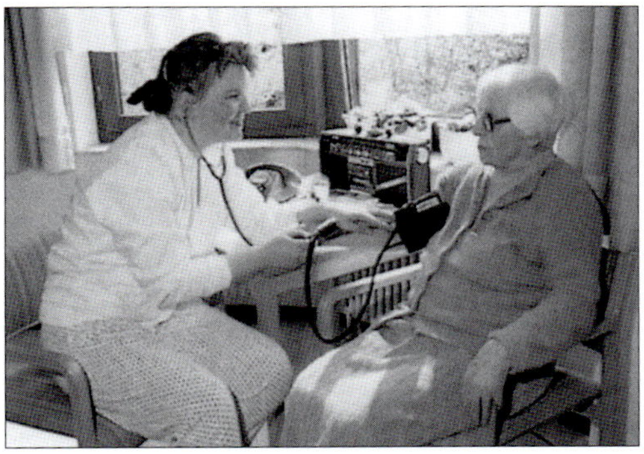

2 Jeder Bewohner kann sich sein Appartement im Altenheim mit eigenen Möbeln selbst gemütlich einrichten. Alle Appartements haben einen eigenen Balkon, eine Kochnische, eine Nasszelle mit Dusche und WC und sind mit einer Notrufanlage ausgestattet.

C
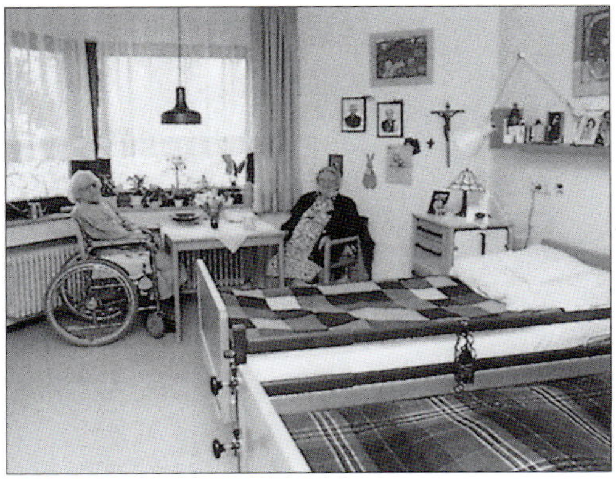

3 Die individuellen Bedürfnisse der Bewohner bestimmen das Handeln der Pflegemitarbeiter. Sie sind Ihre Ansprechpartner, kümmern sich um Ihr persönliches Wohlergehen und unterstützen Sie bei den täglichen Maßnahmen, die Sie selbst wegen Ihrer Erkrankung nicht verrichten können. Für die ärztliche Versorgung stehen Ihnen die Ärzte des Ortes oder Ihr eigener Hausarzt zur Verfügung.

D
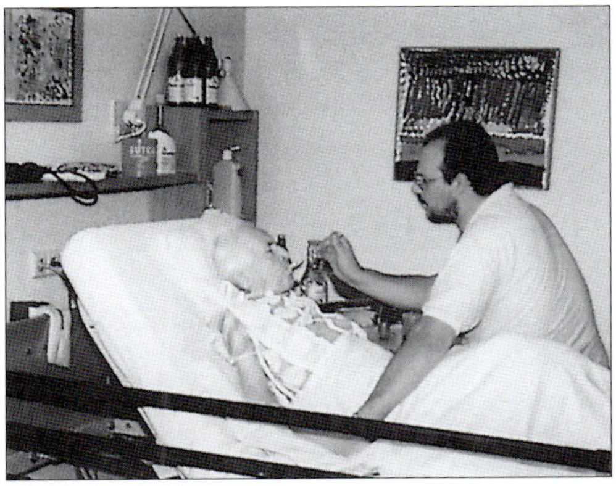

4 In unserem Speisesaal bieten wir den Altenheimbewohnern und den Pflegeheimbewohnern die Möglichkeit, die Mahlzeiten gemeinsam einzunehmen. Unser Küchenteam bemüht sich stets um eine altersgerechte Menüzusammenstellung. Spezielle Diätformen werden für Sie zubereitet. Durch regelmäßig stattfindende Speiseplanbesprechungen haben die Bewohner die Möglichkeit, ihre Wünsche einzubringen.

E

5 Unsere Wohngruppen im Pflegebereich verfügen überwiegend über möblierte Zwei-Bett-Zimmer mit Nasszelle und Dusche/WC. Die Bewohner haben hier die Möglichkeit, mit Bildern und Kleinmöbeln diese Zimmer gemeinsam zu gestalten.

A	B	C	D	E

3

b *Spielen Sie zu zweit. Sie machen Ihr Praktikum im Altenzentrum St. Lukas. Fragen Sie eine Pflegerin, ob sie Ihnen die Begriffe erklären kann.*

– Kochnische
– ein altersgerechtes Menü zusammenstellen
– spezielle Diätformen
– Speiseplanbesprechung
– Nasszelle
– Notrufanlage
– Hausarzt

Beispiel: *Praktikantin*: Was bedeutet Kochnische? / Können Sie mir sagen, was Kochnische bedeutet?
Pflegerin: Die Kochnische ist eine Ecke im Zimmer, wo ein kleiner Herd oder Kochplatten stehen.

4

a *Herr Klein ruft im Caritas Altenzentrum St. Lukas an und will wissen, wie man dort lebt. Versuchen Sie, das Telefongespräch zu Ende zu schreiben. Die Informationen finden Sie in dem Prospektausschnitt. Oder setzen Sie doch einfach Ihr Vorwissen ein.*

A Guten Tag, hier Alten- und Pflegeheim St. Lukas in Wernau. Sie sprechen mit Frau Gillmann. Was kann ich für Sie tun?

B Guten Tag, Peter Klein ist mein Name. Ich habe gerade Ihre Prospekte hier vor mir liegen und hätte erne noch einige Informationen über das Wohnen und Leben in Ihrem Haus.

A Bei uns wohnen Sie im eigenen Appartement mit ...., ... und .... mit .... und .... Sie können sich Ihr Appartement mit ....

B Und was ist, wenn ich in die Pflege muss?

A Dann wohnen Sie in einem ....

B Wie sieht denn der Tagesablauf so aus?

A Sie können alle Mahlzeiten in .... einnehmen, ... zwischen 8 und 9 Uhr, ... um 12 Uhr 30, den Nachmittagskaffe gegen 15 Uhr und .... um 18 Uhr 30.

B Gibt es auch gute Einkaufsmöglichkeiten?

A Ja natürlich, das Ortszentrum können Sie .... Zweimal pro Woche kommt eine Eier- und Gemüsefrau ...., unten im Hof.

B Und was kann man tagsüber so machen?

A Manchmal gibt es nachmittags und abends kleine Konzerte. Oder Sie können im Kaminzimmer mit den anderen reden oder sich ein Buch aus der .... holen. Sie können auch .... durch den Park machen. Außerdem haben wir viele Clubs und kleine Gruppen, die regelmäßig zusammenkommen. Da gibt´s den Kegelclub, die Skat- und Canastagruppe, eine Bastelgruppe und eine Rätselgruppe. Ach ja, das Wichtigste habe ich vergessen! Zweimal pro Woche ist Senioren... . Und vielleicht haben Sie Lust, in unserem Chor zu singen.

B Das klingt ja alles sehr gut. Eine Frage noch: Gibt's einen Friseur?

A Aber natürlich. Die ...., die Fußpflegerin und die Krankengymnastin kommen zu Ihnen .... oder ....

B Wunderbar! Kann ich mal zu Ihnen kommen und mir das Haus ansehen?

A Aber klar! Bringen Sie Ihre Angehörigen mit, damit die auch sehen können, wie Sie hier leben werden.

B Gute Idee! Vielen Dank für Ihre Auskunft. Ich rufe in ein paar Tagen wegen eines Termins wieder an.

A Dankeschön für Ihr Interesse. Bis bald. Auf Wiederhören.

4 **b** *Hören Sie jetzt das Gespräch und prüfen Sie, ob Ihre Hypothesen richtig waren.*

4 **c** *Spielen Sie nun selbst ähnliche Telefongespräche.*

C Ein Tag im Leben einer Altenpflegerin

Um sechs Uhr tritt Schwester Karin ihren Dienst im Altenheim an. Sie kümmert sich um die fünf Bewohnerinnen. Alle sind über achtzig, mehr oder weniger verwirrt und benötigen Hilfe beim Aufstehen, Waschen und Anziehen.

5 **a** *Beschreiben Sie, was sie im Laufe des Tages machen muss. Beachten Sie die Reihenfolge. Benutzen Sie die folgenden Angaben: zuerst, dann, danach, später, anschließend, schließlich, zuletzt.*

- über die Haare streicheln
- wecken
- die Wäsche für die Wäscherei sortieren
- Bettlaken austauschen
- etwas aus den Tageszeitungen vorlesen
- trösten
- Medikamente für den Abend bereitstellen
- auf den Toilettenstuhl setzen
- Verbände anlegen
- Getränke austeilen
- zuhören
- Blumen gießen
- ankleiden/anziehen
- Probleme mit der Leitung besprechen
- kämmen
- in den Zimmern Ordnung machen
- Essen reichen
- in den Speisesaal bringen
- gut zureden
- Spritzen geben

5 **b** *In einem Altenheim hat eine Schülerin ein Praktikum als Altenpflegerin begonnen. Sagen Sie ihr, was sie machen muss. Die Redemittel helfen Ihnen.*

Redemittel

1 Du musst .... / Sie müssen ....
2 Wenn Frau ...., musst du / müssen Sie ....
3 Vergiss nicht, ... zu .... / Vergessen Sie nicht, ... zu ....
4 Denk auch daran, dass .... / Denken Sie auch daran, dass ....

6 **a** *Schreiben Sie die Gespräche zwischen Bewohnerinnen des Heims und Schwester Karin zu Ende. Denken Sie daran: eine Altenpflegerin muss sensibel, taktvoll und liebevoll sein.*

A Frau Schneider: Schwester Karin, ich muss mal ganz schnell!
Schwester Karin: ....

B Frau Reinhard: Schwester Karin, hat mein Sohn angerufen? Ich bin so allein.
Schwester Karin: ....

C Frau Klein: Nein, ich will heute nicht aufstehen. Ich bin so müde und schlapp.
Schwester Karin: ....

D Frau Hermes: Sie haben nie Zeit für mich. Sie wollten mir doch die Haare waschen.

Schwester Karin: ....

E Frau Klein: Dann will ich jetzt Kaffee. Wo ist mein Kaffee?
Schwester Karin: ....

F Frau Hermes: Ich will in den Speisesaal. Können Sie mich hinfahren?

Schwester Karin: ....

G Frau Meyer: Schwester Karin, ich habe solche Kopfschmerzen. Geben Sie mir doch noch eine Tablette.

Schwester Karin: ....

H Frau Reinhard: Was meinen Sie, das rote Kleid mit dem Kragen oder das blaue mit dem Gürtel?

Schwester Karin: ....

I Frau Schneider: Schwester Karin, haben Sie ein bisschen Zeit?

Schwester Karin: ....

6 **b** *Entwickeln Sie weitere Dialoge nach demselben Muster. Spielen Sie diese und achten Sie dabei auf Mimik und Gestik.*

D Mit Sprache spielen

7 **a** *Wie würden sich alte Menschen fühlen, wenn sie heute wieder jung wären? Und umgekehrt: wie würden sich junge Menschen fühlen, wenn sie heute alt wären? Wie würden sie dann ihr Leben gestalten?*

7 **b** *Welchen Titel würden Sie dem Bild geben?*

A-B-C-Memo

c *Die Spielregel finden Sie in Lektion 1 D, Aufgabe 25.*

Altenheim
Behinderte
Caritas
Diät
Einsamkeit
Fußpflege
Geduld
Hausarzt
Interesse
Jung und Alt
Krankengymnastik
Lebensqualität
Massage
Nasszelle
Organisation
Pflegeheim
Rente
Sozialdienst
Toilettenstuhl
Unterhaltung
Vorlesen
Wohnstift
Zivildienst

E Erste-Hilfe-Koffer

Textsorten

Wenn ich eine Textsorte wie z. B. ein Rezept, eine Gebrauchsanleitung, einen Brief, eine Zeitungsnachricht, eine Tabelle usw., aber auch einen Dialog, ein Telefongespräch und andere Hörtexte erkenne, weiß ich

- wie der Text aufgebaut ist, da jeder Text einen Textbauplan hat
- wo das Wichtigste steht
- wie ich lesen muss, mit

dem Flugzeug

der Taschenlampe

der Lupe

- wie ich hören oder schreiben muss
- welche W-Fragen ich stellen kann und muss
- welche Grammatik oft vorkommt, z. B.

der Infinitiv bei Rezepten, Arbeitsanleitungen, Gebrauchsanweisungen,
das Präteritum bei Zeitungsnachrichten (meist Passiv Präteritum),
das Passiv bei historischen Texten, Zeitungsnachrichten,
Substantivierungen in Tabellen und Schemata.

LernTipp

Bei jedem neuen Text zuerst versuchen, die Textsorte zu erkennen. D. h. auf die äußere Form achten, erkennen oder fragen, wo der Text herkommt, nach dem Textbauplan suchen.

Soziale Probleme bei Jugendlichen

Einstieg

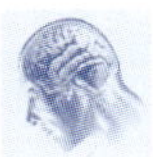

a *Viele Wörter dieser Lektion lernen Sie am besten in Zusammenhängen oder indem Sie sie den folgenden Kategorien zuordnen; einige lassen sich mehrfach zuordnen:*

Suchtkrankheiten	AIDS	Obdachlosigkeit
Einwegspritzen	Immunschwäche	Penner
Immunschwäche		
	sich schützen	Platte machen
	sich anstecken	

Notunterkunft – abhängig werden – Penner – clean sein – Überdosis – Rückfallgefahr – Immunschwäche – Therapie – Obdachloser – arbeitslos sein – Suchtstoffe – Einwegspritzen/-nadeln – Erreger – magersüchtig – herumhängen – Viruskrankheit – drogen-/alkoholabhängig – injizieren – Stadtstreicher – sich schützen – sich anstecken – Stoff (Wort für Droge) – sich infizieren – Prostitution – Kondom – ungeschützter Geschlechtsverkehr – Platte machen (auf der Straße leben)

b *Arbeiten Sie in Gruppen zu dritt: Jeder wählt drei Begriffe und erklärt sie den anderen.*

Beispiel: Sich schützen heißt, dass man beim Geschlechtsverkehr ein Kondom benutzen soll.

A Suchtkrankheiten

1 *Bilden Sie fünf Gruppen. Jede Gruppe liest den ersten und einen weiteren Text. Wählen Sie einen Sprecher, der nach ungefähr 5 Minuten mit Hilfe der Stichworte die anderen Gruppen über die Inhalte informiert.*

1. Sucht: Jährlich mehr als 7000 Drogentote

Die Europäische Beobachtungsstelle für Drogen und Drogensucht stellt in Brüssel ihren Jahresbericht vor.

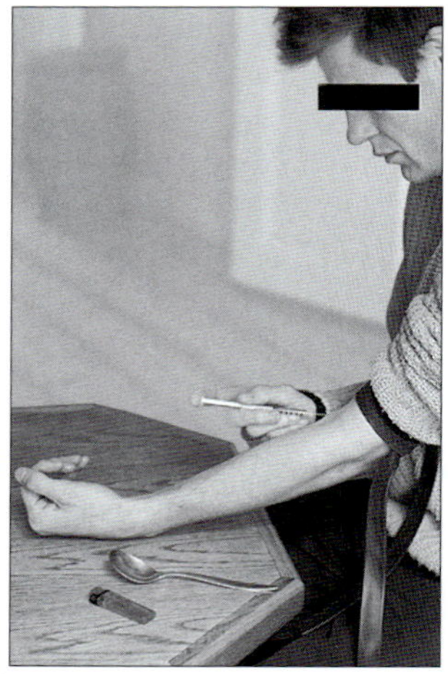

Deutschland gehört zu den Ländern der EU mit den wenigsten Konsumenten harter Drogen.
Das zeigt der Jahresbericht der Europäischen Beobachtungsstelle für Drogen und Drogensucht (EBDD), der jetzt in Brüssel veröffentlicht wurde. Etwa zwei von 1000 Deutschen injizieren sich demnach Suchtstoffe oder nehmen regelmäßig Opiate, Kokain oder Amphetamine ein. Zusammen mit den Niederlanden steht Deutschland damit am unteren Ende der Skala, die von Italien, Luxemburg, Portugal und Großbritannien angeführt wird. Dort kommen auf 1000 Erwachsene bis zu acht Konsumenten von harten Drogen.
In der EU, so erklärte EBDD-Direktor Georges Estievenart, sterben wie in den Jahren zuvor „jährlich mehr als 7000" Drogensüchtige.

Stichworte: – EBDD – Sitz – Deutschland und die Niederlande
– Drogensüchtige in I, L, P, GB – Drogensüchtige in D – Drogentote in der EU

2. Cannabis und Kokain

Marihuana

Die in der EU am häufigsten verwendete illegale Droge ist wie bisher Cannabis – Tendenz weiter steigend. Bis zu 9% der Europäer haben den Stoff im vergangenen Jahr konsumiert. Beim Kokain stellte sich entgegen früheren Befürchtungen heraus, dass es keine dramatische Konsumsteigerung gegeben hat. Nach wie vor liegt der Anteil der Erwachsenen, der diese Droge zumindest getestet hat, bei knapp 3%.

Stichworte: Cannabis – Tendenz – Kokain

3. Crack und Ecstasy

Auch sozial integrierte Menschen rauchen inzwischen mit Tabak gemischtes Crack, das bislang vor allem von Randgruppen konsumiert wurde.
Auch nehmen bereits 5% der 15- und 16-Jährigen die Partydroge Ecstasy.

Stichworte: Crack – Partydroge

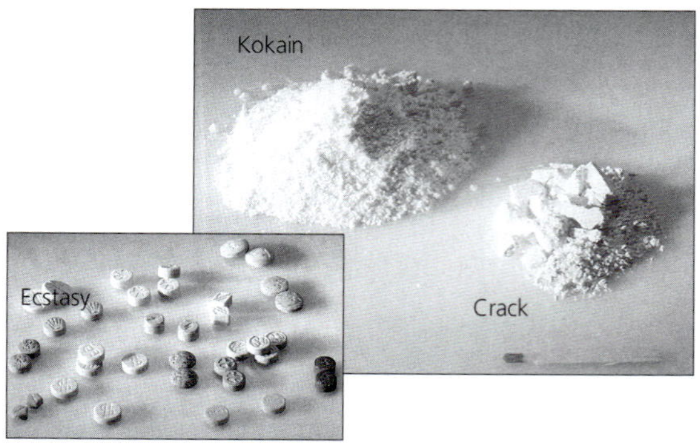

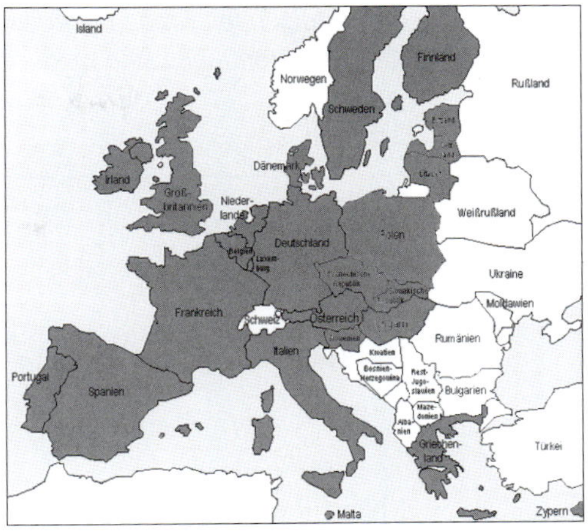

4. Situation im Osten

Besonderes Augenmerk richtete die EBDD auf die Länder in Mittelosteuropa. Dort hat sich die Zahl der Jugendlichen, die Erfahrungen mit illegalen Drogen hatten, seit 1995 in fast allen Ländern verdoppelt.

Stichworte: Wer? – Situation seit 1995

5. Drogenaktionsplan

Als wichtigen Erfolg bewertet die EBDD, dass sich die EU-Mitgliedsstaaten im vergangenen Jahr auf die Leitlinien und den Rechtsrahmen des „Drogenaktionsplans der EU" geeinigt haben. Damit sollen der Drogenkonsum, die Todesfälle und die Zahl der Infektionskrankheiten wie HIV und Hepatitis bis 2004 deutlich verringert werden.

Stichworte: Name des Programms – Ziel bis 2004

6. Gesetz kaum Einfluss auf den Drogenkonsum

Manchen Drogen- und Gesundheitspolitikern dürfte eine Beobachtung nachdenklich stimmen, die in dem Bericht nur am Rande erwähnt wird: Die Zahl der Drogenkonsumenten unterscheidet sich in Ländern mit einer liberaleren oder einer restriktiveren Drogenpolitik nur geringfügig. „Faktoren wie die Beschaffbarkeit und der Preis von Drogen, Arbeitslosigkeit oder andere gesellschaftliche Probleme haben möglicherweise mehr Einfluss auf die Zahl der Drogenkonsumenten als Gesetze", vermutet Richard Hartnoli von der EBDD.

Stichworte:
Einfluss der jeweiligen Drogenpolitik
- Einfluss der Gesetze
- Einfluss anderer Faktoren

2

a *Bei den folgenden Drogen wurden Wirkungen und Risiken ausgewählt. Bitte ordnen Sie diese den Drogen zu. Mehrfache Zuordnungen sind möglich.*

Drogen	Wirkungen	Risiken
1 Nikotin	**A** Heiterkeit, Aggressivität, Verlust der Kontroll- und Steuerungsfähigkeit	**a** gefährlicher Eingriff in das Hormonsystem
2 Alkohol	**B** Veränderung des Farb-, Geräusch-, Raum- und Zeitgefühls	**b** Unfallgefahr im Straßenverkehr
3 Medikamente	**C** Stimulierung der Muskelbildung	**c** Bereitschaft zu Gewalttätigkeit
4 Anabolika	**D** Betäubung von Hunger-, Durst-, Kälte- und Müdigkeitsgefühlen	**d** Gefahr der psychischen Abhängigkeit
5 LSD	**E** beruhigend, schmerzlindernd	**e** erhöhtes Krebsrisiko, Erkrankung der Atemwege
6 Kokain und Crack	**F** Halluzinationen	**f** Horrortrips mit massiven Angstzuständen und Selbstmordgefahr
7 Heroin	**G** stimulierend und entspannend, bei hohem Tabakverbrauch Verengung der Blutgefäße	**g** bei Überdosierung schwere Organschäden und Tod möglich
8 Ecstasy	**H** wie Adrenalin für kurze Zeit leistungssteigernd	**h** Anstieg der Körpertemperatur, starker Flüssigkeitsverlust, Verlust der Mineralien, Todesfolge
9 Synthetische Drogen	**I** je nach chemischer Veränderung Euphorie und Halluzination	**i** Infektionsgefahr durch nicht sterile Spritzen (AIDS, Hepatitis)
10 Cannabisprodukte	**J** schmerzlindernd, Euphorie und Losgelöstheit	**j** schnelle Dosissteigerung, besonders gefährlich bei Diabetes und Bluthochdruck

1	2	3	4	5	6	7	8	9	10

Cannabisprodukte, auch **Gras**, **Heu**, **Shit** oder **Pot** genannt, werden gerne als **weiche Drogen** bezeichnet. In den Niederlanden wird der Konsum von Cannabis nicht mehr bestraft. Cannabis wird meist in Zigarettenform als **Joint** geraucht, **gekifft** oder gegessen, sogenannte **Cookies**.

Achtung:
Im Straßenverkehr gibt es keine weichen Drogen!

2 **b** *Setzen Sie im folgenden Text die Verben ein.*

Cannabis ist eine Rauschdroge, die aus dem indischen Hanf .... wird und gern als weiche Droge .... wird. Schon geringe Mengen Haschisch .... zu Stimmungsveränderungen. Dabei .... der Bezug zur Wirklichkeit ....; das Empfinden für Raum und Zeit .... sich, Konzentration und Aufmerksamkeit .... Musik wird ...., Farben werden .... Haschisch .... fahruntüchtig:

- Das Reaktionsvermögen wird herabgesetzt. Dadurch .... sich der Anhalteweg.
- Das Zeitgefühl ...., Entfernungen und Geschwindigkeit werden falsch ....
- Man lässt sich leicht ....
- Obwohl man den Weg kennt, fährt man leicht falsch, man .... sich.
- Auch Sinnestäuschungen sind möglich, man .... Elefanten auf der Fahrbahn.

verändert – führen – geht verloren (2x) – geschmeckt – gehört – lassen nach – macht – ablenken – bezeichnet – verfährt – sieht – gewonnen – verlängert – eingeschätzt

2 **c** *Schreiben Sie die Infinitive der obigen Verbformen auf. Diese Verben werden Ihnen sehr häufig begegnen. Lernen Sie die Präpositionen mit.*

Beispiel: bezeichnen als

2 **d** *Informieren Sie nun einen Jugendlichen über die Gefahr von Cannabis im Straßenverkehr. Fangen Sie z. B. so an:*

Du weißt sicher, dass Cannabis eine Rauschdroge ist und ....

3 *Vielleicht werden Sie während Ihrer Ausbildung, z. B. im Praktikum, mit dem Drogenproblem konfrontiert. Geben Sie Ihrem Mitpraktikanten Tipps, wo man sich informieren kann. Fangen Sie z. B. so an:*

Wenn du mehr über die Situation in Deutschland erfahren willst, kannst du dir die Broschüren .... bestellen.

Ihre Polizei

Informationen:
- Broschüren der Innenministerien der Länder, der Polizei
- Jahrbuch Sucht (Deutsche Hauptstelle gegen die Suchtgefahren e.V., Geschäftsstelle, Westenwall 4, 59065 Hamm), www.dhs.de
- Im Internet unter: www.google.de unter den Stichwörtern: Wissenschaft, Gesundheit, Sucht
- Bund gegen Alkohol im Straßenverkehr – http://annualreport.emcdda.eu.int/de/home-de.html
- Bundeszentrale für gesundheitliche Aufklärung (BzgA), Tel.: 0221/8992-0, www.bzga.de
- Gesamtverband für Suchtkrankenhilfe im Diakonischen Werk, Altensteinstr. 51, 14195 Berlin, www.sucht.org
- Deutscher Caritasverband, Referat Besondere Lebenslagen, Karlstr. 40, 79104 Freiburg, www.caritas.de

Magersucht und Essbrechsucht – Tendenz steigend

- Unter **Magersucht** (Anorexie) versteht man das Verhalten junger Mädchen und Frauen – seltener von jungen Männern – durch Verweigerung von Nahrungsmitteln, Erbrechen und manchmal auch mit Hilfe von Abführtabletten extreme Gewichtsverluste herbeizuführen, um damit bizarren Vorstellungen von einem idealen Körper zu entsprechen.
- **Essbrechsucht** (Bulimie) ist die Sucht, riesige Mengen von kalorienreichen Nahrungsmitteln in kurzer Zeit zu verschlingen und anschließend das Gegessene wieder zu erbrechen.

4 **a** *Beschreiben Sie mit Hilfe der folgenden Angaben mögliche Gründe für diese Suchtkrankheiten.*

Beispiel: Ein Mädchen wird magersüchtig, weil es sich hässlich und zu dick fühlt.

sich hässlich und zu dick fühlen/finden – wie die Models in Zeitschriften aussehen wollen – so superschlank wie die Stars sein wollen – Kalorientabellen studieren – immer wieder Diäten ausprobieren – erfolgreich sein wollen – nicht anders sein wollen als die anderen – in den neuesten Klamotten toll aussehen wollen – wie die anderen aussehen wollen – zu wenig Selbstbewusstsein haben – anerkannt werden wollen

4 **b** *Überfliegen Sie den folgenden Text und stellen Sie sich gegenseitig Fragen. Arbeiten Sie zu zweit oder zu dritt.*

Beispiel: Was heißt: Tendenz steigend? – Das heißt, dass immer mehr junge Menschen an Magersucht leiden.

Ess-Störungen

Dresdner Klinik behandelt erfolgreich Magersüchtige

600 000 Frauen und 70 000 Männer leiden unter Magersucht, Tendenz steigend. Bereits unter jungen Menschen grassiert der Schlankheitswahn. Jeder achte Junge und jedes sechste Mädchen haben im Alter von 15 Jahren bereits Erfahrungen mit Diäten gemacht, dem klassischen Einstieg in eine Ess-Störung. Die Patienten werden immer jünger, ihre Fälle immer extremer, weiß Michael Scholz. Der Direktor der Dresdner Kinder- und Jugendpsychiatrie setzt inzwischen auf Gruppentherapien mehrerer Familien. „Ziel ist es, dass Eltern von Anfang an kompetent und haltgebend ihrem essgestörtem Kind zur Seite stehen, das heißt, konsequent eine Gewichtszunahme erreichen und gleichzeitig den krankheitsbedingten Konflikt über Nähe und Versöhnung lösen. Bei der Beobachtung der anderen Familien erkennen die Patienten und Angehörige ihre eigenen Fehler und die Kontrolle hilft, die Schwierigkeiten zu überwinden."

Infos: **Uniklinik Dresden, Prof. Scholz**
Tel: **0351/458-2244** oder
E-Mail: Michael.Scholz@uniklinikum-dresden.de

B AIDS

AIDS ist die Abkürzung für die englische Bezeichnung „**A**cquired-**I**mmune-**D**eficiency-**S**yndrome", auf Deutsch „Erworbenes Abwehrschwäche-Syndrom". **AIDS** wird durch ein Virus verursacht, das bei seiner Entdeckung in Frankreich 1983 LAV (Lymphadenopathy-Associated Virus) genannt wurde. Seit 1986 wird das Virus in der Wissenschaft „**H**uman **I**mmunodeficiency **V**irus", abgekürzt **HIV**, genannt. Der Kontakt mit dem Virus kann zu einer Infektion führen, ist aber nicht identisch mit AIDS. AIDS ist durch das Auftreten **mehrerer** Krankheitsanzeichen als **Folge** der Immunschwäche gekennzeichnet.

Das **HIV** kann übertragen werden:
– durch ungeschützten Geschlechtsverkehr,
– von einer infizierten Mutter an ihr Kind,
– durch eine infizierte Nadel bei Drogenkonsum,
– durch Bluttransfusionen,
– durch Blut und fast alle Körperflüssigkeiten.

5 *Beantworten Sie die folgenden Fragen.*

A Was ist AIDS? Was bedeutet HIV?
AIDS ist ....
HIV bedeutet ....

B Wann wurde das Virus, das AIDS auslösen kann, entdeckt? ....

C Wie kann man sich vor AIDS schützen?
– Indem man beim Geschlechtsverkehr ....
– Indem man nie Nadeln oder Spritzen ....
– Indem man prüfen lässt, ob bei einer .... der Spender nicht .... ist.

6 *Bilden Sie Gruppen zu dritt. Jeder liest einen der drei Textabschnitte. Notieren Sie sich Antworten auf die Fragen:*

– Wer spricht/informiert?
– Um welche Informationen geht es (mindestens 2)?
– Welche Prognosen werden genannt?

Befragen Sie sich dann in der Gruppe gegenseitig nach den Inhalten der Artikel.

I.

06.06.2001 – Die Vereinten Nationen befürchten eine zunehmende weltweite Ausbreitung der Immunschwächekrankheit AIDS. Der Leiter der zuständigen UN-Behörde UNAIDS, Peter Piot, sagte am Dienstag Abend im südafrikanischen Fernsehen, in Teilen der Welt sei die Ausbreitung der Krankheit noch im Entwicklungsstadium. In Asien, Osteuropa und Westafrika habe die Aids-Epidemie „gerade erst begonnen". Piot fügte hinzu, in 20 Jahren werde die Zahl der HIV-Infizierten von heute 36 Millionen auf voraussichtlich 60 Millionen ansteigen. In einigen Gebieten Afrikas gebe es aber bereits Anzeichen für die Eindämmung der AIDS-Verbreitung.

II.

Es wird in Zukunft für die Länder des Südens einen erleichterten Zugang zu Aidsmedikamenten geben. Mit diesem Versprechen endete am 14.07.2000 die 13. Welt-Aids-Konferenz im südafrikanischen Durban. Vorreiter spielte der deutsche Chemiekonzern Boehringer in Ingelheim, der bekannt gab, Entwicklungsländern das Mittel Viramune unter bestimmten Bedingungen zur Verfügung zu stellen. Das Präparat senkt deutlich die Möglichkeit der Übertragung des HI-Virus von schwangeren Frauen auf ihre ungeborenen Kinder.

III.

UNAIDS-Direktor Peter Piot nahm denn auch den Afrika-Kongress zum Anlass, den Blick auf die enormen sozialen, ökonomischen und gesellschaftlichen Aspekte der Immunschwächekrankheit zu richten...
Er stellte eine anschauliche Rechnung auf: Aids tötet in Afrika derzeit mehr Menschen als alle dort geführten Kriege zusammen. So lebt ein heute 15-jähriger Südafrikaner mit einem statistischen Risiko von 50%, an Aids zu sterben. Betroffen sind schon 12 Millionen Afrikaner unter 15 Jahren: Sie haben entweder ein Elternteil oder beide wegen Aids verloren. Diese Kinder landen meist auf der Straße, sehen keine Schule mehr und erhalten keine Ausbildung... Aber auch bei Älteren schlägt Aids zu: so hat alleine Sambia binnen eines Jahres rund 1500 Lehrer durch Aids verloren, genau so viele, wie in diesem Zeitraum in dem armen Land ausgebildet worden sind.

C arbeitslos – obdachlos

7 **a** *Hören Sie das Gedicht und lesen Sie mit.*

Das große Los

arbeitslos
erwerbslos
wohnungslos
brotlos
rechtlos
sinnlos
....
schlaflos
freudlos
gefühllos
....
lieblos
.........los

Helmut Müller

7 **b** *Wie könnte der Mann in diese Lage geraten sein? Was passiert weiter?*

8 **a** *Damit Sie besser verstehen, was Sven zu seiner Situation sagt, hier einige Worterläuterungen. (* = Umgangssprache)*

obdachlos sein: ohne Wohnung sein (aus Not oder nach einer Katastrophe, Krise/Lebenskrise)
jemanden rausschmeißen*: jemanden rauswerfen; aus dem Haus / der Wohnung vertreiben
etwas klauen*: etwas stehlen
etwas bunkern*: etwas aufbewahren/lagern
Platte machen*: in der Sprache der Obdachlosen: auf der Straße leben
die Rückfallgefahr: hier: die Möglichkeit, dass man wieder drogenabhängig wird
clean sein: keine Drogen mehr nehmen

8 **b** *Versuchen Sie, die Adjektive aus Aufgabe 7a ähnlich zu erklären.*

8 **c** *Sven spricht darüber, wie er vorher gelebt hat. Bringen Sie seine Aussagen vor dem Hören in die richtige Reihenfolge.*

A Ich bin 24 Jahre alt.
B Ich habe sonst keine Familie.
C Ich war mal obdachlos.
D Meine Eltern haben mich rausgeschmissen.
E Ich will die Leute von früher nicht mehr treffen.
F Ich bin erst zwei Monate clean.
G Der Hauptbahnhof war mein zweites Zuhause.
H Das Haus der Kirche ist für Obdachlose offen.
I Ich habe es geschafft. Ich habe nämlich jetzt ein Zimmer.

8 **d** *Hören Sie jetzt die Aussagen von Sven und prüfen Sie, ob Ihre Reihenfolge stimmt.*

8 **e** *Hören Sie seine Aussagen noch einmal und beantworten Sie dann die folgenden Fragen:*

A Warum wurde er arbeitslos?
B Warum ist das Haus der Kirche für Obdachlose so wichtig?
C Wer sind die Obdachlosen?
D Warum will Sven nicht mehr zum Bahnhof gehen?

9 **a** *Beim folgenden Interview fehlen die Fragen. Lesen Sie die Stichworte zu den Antworten und formulieren Sie die passenden Fragen und Antworten.*

Interviewer: Sie arbeiten hier im Haus der Kirche und kümmern sich vor allem um die Obdachlosen? Darf ich Ihnen ein paar Fragen stellen?
Mitarbeiter: Aber natürlich, gerne.

I ....

Stadtstreicher – Penner – ohne festen Wohnsitz – betteln – Alkohol

M ....

immer mehr junge Leute und Frauen – Treffpunkt: Bahnhof – Hunde

I ....

Spannungen zu Hause – Rausschmiss – keine Zuwendung

M ....

auch ausgebildete Jugendliche oft arbeitslos – Teufelskreis: Geld/Wohnung/Arbeit

I ....

harte Drogen und Alkohol – Diebstahl – Prostitution

M ....

Sozialdienste der Gemeinden und Kirchen

9 **b** *Hören Sie das Interview und prüfen Sie, ob Ihre Fragen richtig waren.*

9 **c** *Sie sollen andere Praktikanten über die Situation in Ihrem Land informieren. Halten Sie sich dabei an den Fragenraster im Interview.*

Puhdys

Die Puhdys gehören zu den ältesten deutschen Rockbands. Die Gruppe wurde 1969 gegründet, die Ur-Puhdys traten jedoch schon 1964 ins Rampenlicht. In mehr als 30 Jahren haben die Puhdys mehr als 20 CDs und LPs veröffentlicht und über 18 Mio. Einheiten in mehr als 20 Ländern verkauft.

Die Puhdys wirkten in fünf DEFA- und TV-Produktionen mit, darunter in dem Kultfilm „Die Legende von Paul und Paula", zu dem sie den Soundtrack inklusive zwei ihrer populärsten Hits lieferten.

Heute spielen bei den Puhdys Dieter Birr (Gitarre und Gesang), „Maschine" genannt, Peter Meyer (Keyboard), Dieter Hertrampf (Gitarre und Gesang), „Quaster" genannt, Klaus Scharfschwert (Schlagzeug) und Peter Rasym (Gitarre), „Bimbo" genannt. Weitere Informationen finden Sie unter www.puhdys.com.

info

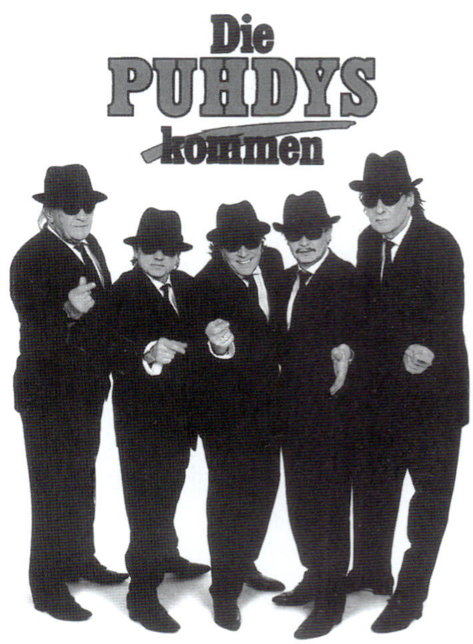

10 **a** *Erstellen Sie ein Mind-Map zum Thema Obdachlosigkeit (s. Lektion 5).*

10 **b** *Hören Sie das Lied von den Puhdys. Wie und warum gefällt es Ihnen? Oder warum gefällt es Ihnen nicht?*

Leere Hände (Puhdys)

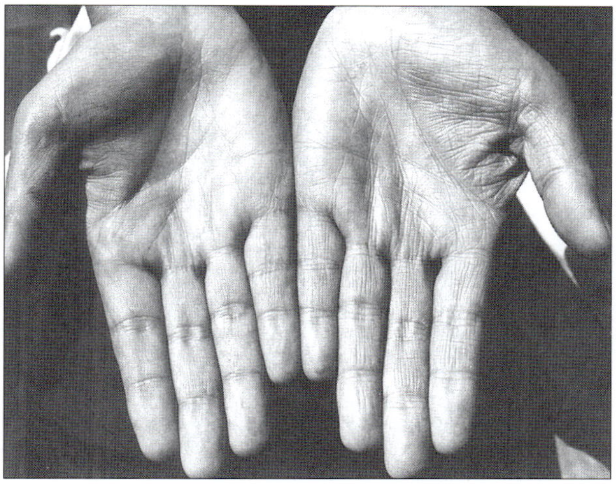

Keinen Schlaf und keinen Traum,
kein Licht am Horizont, um nach vorn zu schaun.
Bist nie zu früh, bist nie zu spät.
Da unten merkst du nicht mal, wie die Zeit vergeht.

Oft sitzt du an der Bahnhofswand
und leere Augen sehn in deine leere Hand.
Die Flasche ist dein bester Freund.
Ganz am Anfang hast du manchmal noch geweint.

Und ein Tag geht wieder vorbei
ohne dich, an dir vorbei.
Und immer wieder nachts – vogelfrei...
in deinem Niemandsland.

Dein Leben ist Vergangenheit.
Wie Strandgut treibst du weiter in die Einsamkeit.
Du denkst, warum gerade ich?
Auch wenn du müde bist, so sterben willst du nicht.

Und ein Tag geht wieder vorbei.
...

10 **c** *Hören Sie das Lied von den Puhdys noch einmal und geben Sie die Situation von Obdachlosen mit eigenen Worten wieder. Die Textbausteine helfen Ihnen.*

schlaflos sein – keine Zukunft sehen – ohne Zeitgefühl leben – kein Geld haben – Alkoholiker sein – ständig nach einer Unterkunft suchen – Hoffnung haben

10 **d** *In welchen Situationen gibt es „kein Licht am Horizont"?*

10 **e** *Erklären Sie das Wort „Strandgut", und die Wendung „wie Strandgut treiben".*

D Berufe im Sozialwesen

11 *Setzen Sie in der folgenden Definition des Begriffes „soziale Arbeit", wie sie die International Federation of Social Workers (IFSW) festsetzt, die Verben in der richtigen Form ein.*

Definition

„Soziale Arbeit ist eine Profession, die sozialen Wandel, Problemlösungen in menschlichen Beziehungen sowie die Ermächtigung und Befreiung von Menschen ...., um ihr Wohlbefinden zu .... Indem sie sich auf Theorien menschlichen Verhaltens sowie sozialer Systeme als Erklärungsbasis ...., interveniert soziale Arbeit im Schnittpunkt zwischen Individuum und Umwelt/Gesellschaft. Dabei sind die Prinzipien der Menschenrechte und sozialer Gerechtigkeit für die Soziale Arbeit von fundamentaler Bedeutung."

fördern – stützen – verbessern

Kommentar

Soziale Arbeit .... sich in ihren vielen Formen auf die Beziehungen zwischen Menschen und ihrer Umwelt. Ihr Ziel ist, die Menschen zu ...., ihr volles Potenzial zu ...., ihr Leben zu .... und sozialen Dysfunktionen vorzubeugen.

(sich) beziehen (auf) – entwickeln – bereichern – befähigen

12 *Beschreiben Sie mit eigenen Worten, was unter dem Begriff „soziale Arbeit" zu verstehen ist. Benutzen Sie Ausdrücke wie:*

Probleme lösen – verbessern – sich wohl fühlen – Menschenrechte und soziale Gerechtigkeit verteidigen – sich entwickeln – befähigen – intervenieren – sozialen Problemen und Dysfunktionen vorbeugen

13 **a** *Im Internet haben wir unter der Adresse www.bibb.de viele Berufe im Bereich Sozialwesen gefunden. Lösen Sie das Worträtsel.*

Alten – Dorf – Ehe – Gebärdensprach – Gemeinde – Suchtkranken – Bewährungs – Street – helfer/-in – pfleger/-in – schwester – berater/-in – fürsorger/-in – helfer/-in – worker/-in – dolmetscher/-in

13 **b** *Ordnen Sie die Berufe den Erklärungen zu.*

A kümmert sich um Menschen, die aus dem Gefängnis entlassen werden – der Bewährungshelfer
B arbeitet in der Suchtberatung und -bekämpfung – ....
C versucht, bei Eheproblemen zu helfen – ....
D betreut Patienten, die auf dem Land leben – ....
E dolmetscht; hilft beim Kontakt mit Schwerhörigen – ....
F berät Menschen, die im Dorf / auf dem Land leben – ....
G arbeitet in Seniorenzentren und Altenpflegeheimen – ....
H bemüht sich um Menschen, die auf der Straße leben – ....

14 *Suchen Sie sich einen Beruf heraus und nennen Sie mindestens zwei Aufgaben. Benutzen Sie dabei Ausdrücke aus den Aufgaben 11 und 13.*

E Mit Sprache spielen

Dialogspiele

Material:

- Packpapier mit einer Liste von geschriebenen und gezeichneten Begriffen
- Karten in Postkartengröße, auf denen die gleichen Begriffe geschrieben oder gezeichnet sind

Spielregel:

Die Liste der Objekte wird gemeinsam festgelegt und sollte immer einen Themenbereich behandeln, den die Lerner wiederholen wollen, z. B. die verschiedenen Drogen oder die Selbsthilfeinitiativen. Die Spieler sitzen im Kreis. Jeder hat eine Karte mit einem Begriff. Er darf ihn nicht verraten. Ein Spieler (beim ersten Mal der Lehrer/die Lehrerin) hat keine Karte und steht in der Mitte des Kreises. Durch eine richtige Frage muss er versuchen, einen Platz zu bekommen. Er fragt die Mitspieler so lange nach einem Begriff, bis er auf den Spieler trifft, der den Begriff auf der Karte hat und die Frage entsprechend beantworten kann. Hat ein Spieler nicht die passende Karte, antwortet er: „Das weiß ich nicht."

Beispiele: **A** Spieler im Kreis: Wo kann ich Informationen und Hilfe zu Drogen bekommen?
Spieler mit Karte: Bei der deutschen Hauptstelle für Suchtgefahren.

B Spieler im Kreis: Welche Wirkung hat LSD?
Spieler mit Karte: Halluzinationen.

F Erste-Hilfe-Koffer

Feed-back geben und empfangen

Feed-back heißt Rückmeldung geben.

Persönliches Feed-back können einzelne Teilnehmer einander geben, in Paaren, in Kleingruppen und in der ganzen Gruppe.

Gruppen-Feed-back ist ein Austausch von Erlebnissen in und mit einer Gruppe: die Teilnehmer sprechen über das Arbeitsklima, die Zusammensetzung der Gruppe, den Arbeitsstil, die Kooperation usw.

Feed-back-Regeln werden mit den Teilnehmern vereinbart:
– Der Betroffene hat das erste Wort (z. B. nach einem Referat).
– Als „ich" und nicht als „man" sprechen.
– Direkt zu jemandem sprechen und nicht über Abwesende.
– Beobachtetes Verhalten schildern; keine Wertungen, Interpretationen und Rechtfertigungen.

Die Regeln hängen für alle sichtbar im Raum. Der Lehrer gibt als letzter Feed-back und spricht nur noch das an, was nicht gesagt wurde.

Quellenverzeichnis

Quellenverzeichnis der Texte und Abbildungen

Vorlektion

S. 10 Lied „Wo sich Tropfen zum Regen vereinen": terre des hommes. BRD e.V. Hilfe für Kinder in Not. Unterrichtsbogen 11. Text: Marina Palmen. Melodie: Hubertus Vorholt

S. 11 Foto von Karel Brož

S. 12 Text und Logo „AOK": Fit in den Urlaub. Broschüre der AOK Rheinland-Pfalz.

S. 19 Hans Magnus Enzensberger „Windgriff", Hans Magnus Enzensberger: Gedichte 1955–1970, st. 4. Frankfurt: Suhrkamp Verlag 1971
Foto aus dem Archiv des Verlags FRAUS

S. 20 Fotos von Karel Brož

Lektion 1

S. 21 Foto des Malteser Hilfsdienstes e.V., Kaarst

S. 21/22 Definitionen „Sozialamt", „Sozialabgaben", „Sozialarbeiter", „Sozialversicherung": Großwörterbuch Deutsch als Fremdsprache. München: Langenscheidt 1997

S. 25 Texte „Rotes Kreuz", „Deutsches Rotes Kreuz", „Johanniterorden": Neues Großes Lexikon. München: Compact Verlag 1991

S. 26 Text „Deutscher Caritasverband": Info-Broschüre. Hrsg. v. Deutschen Caritasverband e.V., Karlstraße 40, 79104 Freiburg

S. 26 Text und Logo „Cap Anamur": http://www.cap-anamur.org

S. 27/28 JRK = Jugendrotkreuz, verschiedene Informationen, aus Jugendrotkreuz im DRK-Landesverband Baden-Württemberg e.V., Foto aus dem Archiv des Verlags FRAUS

S. 28 Foto aus dem Archiv des Verlags FRAUS

S. 29 Rezepte „Supersaftikus", „Paradise- Flip": Probiers mal ohne Alkohol. Rezeptbuch für alkoholfreie Mixgetränke. Hrsg. v. Deutschen Roten Kreuz und Text „Schulsanitätsdienst": Info-Broschüre. Gesamtdarstellung der JRK-Schularbeit im DRK-Landesverband Baden-Württemberg e.V.

S. 29 Schulsanitätsdienst, Info-Broschüre/Gesamtdarstellung der JRK-Schularbeit im DRK-Landesverband Baden-Württemberg e.V.

S. 30 Foto aus dem Archiv des Verlags FRAUS

S. 30/31 Fotos: Info-Broschüre „Damit Hilfe ankommt". Malteser Bundeszentrale, Köln

S. 32 Foto aus dem Archiv des Verlags FRAUS und des Malteser Hilfsdienstes e.V., Kaarst

S. 33 „Neue Paten für Simbabwe" Foto und Anmeldeformular für eine Patenschaft bei World Vision Deutschland e.V.

S. 34 „Lust auf ein freiwilliges Engagement – Jugendliche in ganz Europa aktiv" – aus Sozialcourage, Das Magazin für Soziales Handeln, 4/97

S. 35 Text „Leonardo da Vinci":
http://europa.eu.int/comm/education/programmes/leonardo/leonardo_de.html;
Text „Europass-Berufsbildung": http://www.europass.at; Text „Programm Jugend":
http://europa.eu.int/comm/education/youth_de.html

S. 36 Interview „Helfen in Frankreich": „Die Zeit", Nr. 15, 06. 04. 2000
Fotos aus dem Archiv des Verlags FRAUS

S. 37 „Personen, die als Helfer tätig sind":
1. „Andrea Siegrist" aus Topic, Nr. 4 / Dezember 1994
2. „Walter Zwickennagel" aus „Im Brennpunkt" – Jö, 5. Jahrgang, Heft 6, Februar 1994

S. 39 Text „Neue Wege gehen": Jugendrotkreuz im DRK-Landesverband B.-W.

S. 40 Foto aus dem Archiv des Verlags FRAUS

Lektion 2

S. 41 Foto aus dem Archiv des Verlags FRAUS
Schema „Sozialversicherung": Dr. Kugler: Allgemeine Wirtschaftslehre. Hamburg: Europa-Lehrmittel-Verlag 2001

S. 42 Foto aus dem Archiv des Verlags FRAUS

S. 43 Texte „Meinungen von jungen Leuten zur Sozialversicherung". In: jo-spezial: „Aus gutem Grund". AOK-Broschüre 1997, WDW Wirtschaftsdienst Bad Homburg.
Fotos von Karel Brož und aus dem Archiv des Verlags FRAUS
S. 44 Gedicht „Versicherung": Eugen Roth. In: Lötzerich/Schneider: Wegweiser der Wirtschaft. Darmstadt: Winklers Verlag 2002
S. 45 Text „Individuelle Privatversicherung": In: Lötzerich/Schneider: Wegweiser der Wirtschaft. Darmstadt: Winklers Verlag 2002
S. 48 Text „Pflegeversicherung": Die Soziale Pflegeversicherung; Häusliche Pflege. Broschüren: http://www.aok.de
S. 49 Foto aus dem Archiv des Verlags FRAUS
S. 50 Foto aus dem Archiv des Verlags FRAUS
S. 51 Foto aus dem Archiv des Verlags FRAUS
S. 52 Text „Veranstaltungskalender": AOK Esslingen 1998: http://www.aok.de
S. 53 „Vorsorge" mit Foto von Alexander Vacek
S. 54 Foto aus dem Archiv des Verlags FRAUS
S.55 „Chinesische Weisheit" aus: Günther Gugel, Methoden-Manual I: „Neues Lernen", Beltz Verlag

Lektion 3

S. 57 Fotos von Karel Brož und aus dem Archiv des Verlags FRAUS
S. 58 Fotos von Alexander Vacek und aus dem Archiv des Verlags FRAUS
S. 59 Foto aus dem Archiv des Verlags FRAUS
S. 61 Foto aus dem Archiv des Verlags FRAUS
S. 63 Fotos von Alexander Vacek und aus dem Archiv des Verlags FRAUS
S. 64 Foto von Karel Brož
S. 65 Abbildungen Ernst Barlach: „Singender Mann" – Bronze 1928; „Pieta – Mutter mit totem Soldaten" – Bronze 1932; „Lachende Alte" – Bronze 1937. Hans Barlach GbR Lizenzverwaltung
S. 66 Fotos von Alexander Vacek

Lektion 4

S. 67 Foto von Karel Brož
S. 68 Foto aus dem Archiv des Verlags FRAUS
S. 69 Foto von Karel Brož; Formular: Dr. Jürgen Höfling
S. 70 Formular: Dr. Jürgen Höfling
S. 71 Brief: Dr. Jürgen Höfling
S. 72 Formular: Dr. Jürgen Höfling
S. 74 Text „Arzneimittelgruppen": Dr. Jürgen Höfling; Foto aus dem Archiv des Verlags FRAUS
S. 75 Text „Packungsbeilage": Dr. Jürgen Höfling
S. 76 Packungsbeilage „Kytta-Sedativum": http://www.merck-selbstmedikation.de
S. 78 Fotos von Karel Brož und Milada Vlachová
S. 80 Fotos von Alexander Vacek und Milada Vlachová
S. 82 Foto aus dem Archiv des Verlags FRAUS

Lektion 5

S. 83 Fotos: Polska Akcja Humanitarna; Zeichnung: Josef Pospíchal
S. 84 Foto „Sozialcourage" in: Heft. 3/96, S. 3; Fotos: Polska Akcja Humanitarna
S. 85 Text „Veranstaltungskalender": Lukas Bote. Esslingen 10/98
S. 86 Fotos aus dem Archiv des Verlags FRAUS
S. 87 Fotos: „Vivas", 9/58, 26.4.1999, Institut für Soziologie an der Albert-Ludwig-Universität Freiburg
S. 88 Foto: W. Huppertz, Sozialcourage 4/97, © agenda/Huppertz
S. 89 Text „Alle Hilfen aus einem Haus": Helfen ist unsere Aufgabe. Broschüre. Esslingen 10/98;
Fotos aus dem Archiv des Verlags FRAUS
S.90 Fotos aus dem Archiv des Verlags FRAUS
S. 91 Foto aus dem Archiv des Verlags FRAUS
S. 92 Foto aus dem Archiv des Verlags FRAUS
S. 94 Info über altersgerechte Geräte aus einer Infobroschüre für hessische Senioren,
Fotos von Milada Vlachová und aus dem Archiv des Verlags FRAUS
S. 95 Foto aus dem Archiv des Verlags FRAUS
S. 96 Text und Bild „Essen auf Rädern": 25 Jahre Malteser in Kirchheim. Broschüre. http://www.malteser.de

S. 97 Anmeldebogen „Essen auf Rädern": Caritas Altenzentrum St. Lukas, 73249 Wernau
S. 98 Texte „Hausnotruf" und „Fahrdienste": ASB-Broschüre. Esslingen, 10/98
Foto aus dem Archiv des Verlags FRAUS
S. 99 Text und Foto „Selbstinitiativen": ASB-Broschüre. Esslingen, 10/98
S. 100 Text „Arbeitsgemeinschaft Hospiz": ASB-Broschüre. Esslingen, 10/98
S. 100 Foto von Karel Brož
S. 101 Übungen: D. und A. Kruber: Übungen Seniorensport. Dümmler Verlag, Bonn 1996
Foto: Archiv ČTK

Lektion 6

S. 103 Fotos „Leben und Wohnen im Alter": Broschüren. http://www.aok.de; http://www.malteser.de
S. 104 Text „Wohnformen im Alter": Aktuelle Texte 3, Stuttgart: Klett Verlag 1994
S. 105–107 Texte und Fotos: Alten- und Pflegeheim St. Lukas, 73429 Wernau
S. 109 Foto aus dem Archiv des Verlags FRAUS
S. 111 Wettbewerb für Alt und Jung. Broschüre. Förderkreis Seniorenzentrum St. Markus, Hamburg 2001.
http://www.st.markus.home.page.de

Lektion 7

S. 113 Abbildung „Rauschgift ohne mich". Hrsg. v. Innenministerium B-W 2002
S. 114 Text „Sucht": Süddeutsche Zeitung 21. 1. 2001
Fotos Alexander Vacek und ProPK
S. 115 Foto aus dem Archiv des Verlags FRAUS
S. 117 Zeichnung: O. Schwalge. In: Haschisch, Fahren, Führerschein. Hrsg. v. Bund gegen Alkohol im Straßenverkehr in Zusammenarbeit mit dem Institut für Rechtsmedizin der Universität München und dem Institut für Verkerssicherheit des TÜV Bayern-Sachsen
Foto aus dem Archiv des Verlags FRAUS
S. 118 Text „Magersucht": Marianne Koch: Mein Gesundheitsbuch. München: Deutscher Taschenbuchverlag © 1999
Foto: Jaroslav Vogeltanz
S.119 Ess-Störungen, Dresdner Klinik behandelt erfolgreich Magersüchtige, Ki.Jugendpsych@mailbox.tu-dresden.de
Foto: Archiv ČTK
S. 121 Texte „Aids": Text 1: Andrea Naica-Loebell: AIDS ist ein globales Problem. www.heise.de/tp/deutsch/inhaltlis/7823/1.html;
Text 2: Ekkehard Jänicke: AIDS. Ein Kontinent verwaist.
http://www.heise.de/tp/deutsch/inhalt/co/8379/1.html;
Text 3: Ekkehard Jänicke: Aktuell von der 13. Welt-Aidskonferenz in Durban. www.heise.de/tp/deutsch/inhalt/co/8353/1.html
S. 122 Gedicht „Das große Los": H. Müller: Deutsch mit Fantasie. München: Hueber Verlag
S. 123 Text und Foto „Obdachlose": Turbo 26, Inter Nationes Bonn
S. 124 Lied „Leere Hände": CD „Frei wie die Geier", 1997 (Puhdys Musikverlag Paderborn)
S. 125 Foto aus dem Archiv des Verlags FRAUS
S. 126 Definition: „Sozial Aktuell". Schweizerischer Berufsverband Soziale Arbeit. SBS/ASPAS, Nr. 9, Mai 2001
S. 128 Text „Feedback": Rabenstein, Reinhold; Reichel, René; Thanhoffer, Michael: Das Methoden-Set. ISBN 3-925169-21-0. 11. Auflage

Der Verlag FRAUS dankt dem Augen- und Kosmetik-Laserzentrum OFTA (Pilsen) für die Unterstützung bei der Aufnahme von Fotos in seinen Räumen (Titel, S. 11, 64, 67, 69).

www.fraus.com

Dorothea Lévy-Hillerich u. a.

KOMMUNIKATION im Beruf

Die Lehrwerkreihe Kommunikation im Beruf wird in Zusammenarbeit mit dem Goethe-Institut München herausgegeben. Sie richtet sich an Schüler und Studenten in Berufsfachschulen, Fachmittelschulen und Fachhochschulen und dient als Grundlage für einen berufsorientierten Unterricht in Deutsch als Fremdsprache. Zahlreiche dialogische Übungen, Spiele und Vorschläge für Projektarbeit gewährleisten einen kommunikativen Unterricht. Ziel ist berufssprachliche Kompetenz, worunter auch die Kompetenz des selbstständigen Weiterlernens und der autonomen Informationssuche und -organisation verstanden wird. Kommunikation im Beruf bewegt sich im Schwierigkeitsgrad auf den Niveaustufen B1/B2 des Gemeinsamen Europäischen Referenzrahmens. Die Texte sind überwiegend authentisch. Die Bücher sind einsprachig angelegt, werden jedoch mit einem Glossar in mehreren Sprachen ergänzt.

Die Titel der Reihe **Kommunikation im Beruf**:

- Kommunikation in sozialen und medizinischen Berufen
- Kommunikation im Tourismus
- Kommunikation in der Landwirtschaft
- Kommunikation in der Metall- und Elektrotechnik
- Kommunikation in Wirtschaft und Verwaltung

Zu jedem Lehrwerk gehören ein Lehrerhandbuch und eine CD mit Hörtexten.

FRAUS Cornelsen

Bestellungen und Informationen

Tschechien, Slowakei, Ungarn:
Nakladatelství Fraus
Edvarda Beneše 72
CZ 301 00 Plzeň
Tel.: +420 377 321 069
+420 377 225 615
Fax: +420 377 224 594
E-Mail: info@fraus.cz
www.fraus.com

Rest der Welt:
Cornelsen Verlag
International Marketing and Sales
D 14328 BERLIN
Tel.: +49(30)89785-532
Fax: +49(30)89785-499
E-Mail: anne.fuchs@cornelsen.de
www.cornelsen.de

GOETHE-INSTITUT